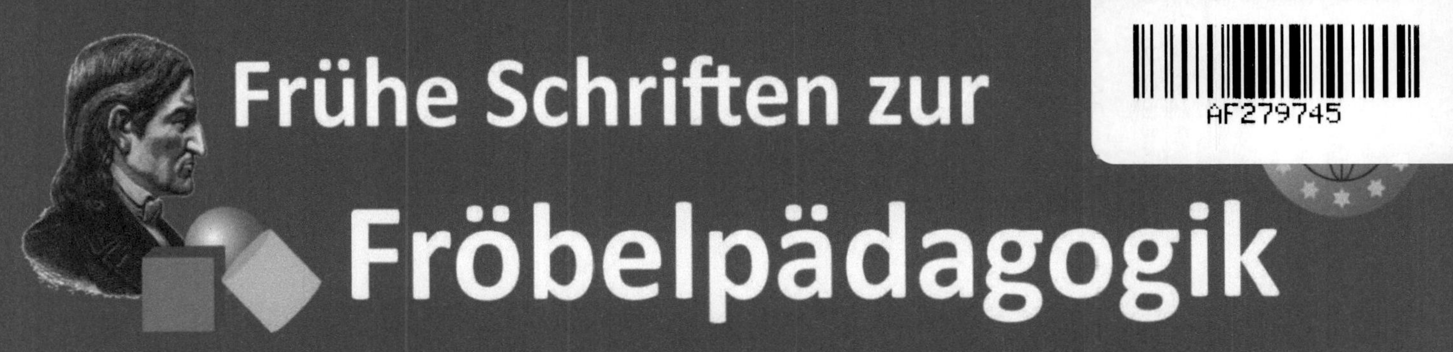

Matthias Brodbeck; Michael Grübler
(Herausgeber)

Mutter- Spiel- und Kose-Lieder,

Ein Familienbuch

von

Friedrich Fröbel.

Mit einer Einführung von Matthias Brodbeck

Kommt, lasst uns unsern Kindern leben!

Mutter- und Kose-Lieder,

wie auch

Lieder zu Körper-, Glieder- und Sinnenspielen.

Zur frühen und einigen

Pflege des Kindheitslebens.

Ein Familienbuch

von

Friedrich Fröbel.

„Gar hoher Sinn liegt oft im kindschen Spiel.“

Mit Randzeichnungen, erklärendem Texte und Singweisen.

Blankenburg bei Rudolstadt, 1844

die Anstalt zur Pflege des Beschäftigungstriebes der Kindheit und Jugend.

Transkription, Neuaufbau und Einführung

Matthias Brodbeck

Notensatz und Realisation von 5 neuen Liedern

Michael Grübler

Bad Liebenstein und Königsee, 2025

Bibliografische Information der Deutschen Nationalbibliothek: Die Deutsche Nationalbibliothek verzeichnet diese Publikation in der Deutschen Nationalbibliografie; detaillierte bibliografische Daten sind im Internet über http://dnb.dnb.de abrufbar.

Die automatisierte Analyse des Werkes, um daraus Informationen insbesondere über Muster, Trends und Korrelationen gemäß §44b UrhG („Text und Data Mining") zu gewinnen, ist untersagt.

© 2025 Matthias Brodbeck; Michael Grübler (Herausgeber)

Verlag: BoD · Books on Demand GmbH, Überseering 33, 22297 Hamburg, bod@bod.de

Druck: Libri Plureos GmbH, Friedensallee 273, 22763 Hamburg

ISBN: 978-3-8192-6279-1

FRÜHE SCHRIFTEN ZUR FRÖBELPÄDAGOGIK – DAS HEIßT:

Der Erziehungswissenschaftler Michael Winkler sah sich 2010 zu der bemerkenswerten Feststellung veranlasst, dass Fröbel nicht zeitgemäß sei:

> *[...] nicht, weil er dem Denken und der Sprache des beginnenden 19. Jahrhunderts verhaftet blieb. [...] vielmehr [...], weil er unserem gegenwärtigen pädagogischen Denken voraus ist, [...] Was er erkannt und verstanden hat, vor allem: wie er versucht hat, für die Komplexität vorrangig der kindlichen [...] Entwicklung [...] eine angemessene theoretische Sprache, zureichende Begriffe und eine sinnvolle Praxis zu entwickeln, das geht kaum zusammen mit dem, was gegenwärtig als Pädagogik diskutiert wird. [....] Da geht es [...] um Steuerung, Messung und Bewertung, um Integration von Bildungslandschaften, um neue Institutionen, [...] um Choreographien des Unterrichts, vor allem jedoch überall um Schule und Instruktionspädagogiken [...]*[1]

Allenthalben ist ein anwachsendes Interesse an Friedrich Fröbel, seinen Ideen und seinem Wirken zu spüren. Dies wurde sicherlich auch von Veröffentlichungen wie Norman Brostermans „Inventing Kindergarten" und Mitchel Resnicks „Lifelong Kindergarten" inspiriert.

Wir haben uns darum entschlossen, im Vorfeld des 175. Todestages Friedrich Fröbels (21.Juni 2027) sowie seines 250. Geburtstages (21.April 2032) den Interessenten von heute den Zugang zu Werken Fröbels, seiner Mitstreiter, Zeitgenossen und unmittelbaren Nachfolger zu erleichtern, indem wir die nur noch schwer erhältlichen und noch dazu nur in Frakturschrift zugänglichen Werke der Fröbelzeit und der ersten Jahrzehnte danach in zeitgemäß rezipierbare Buchform bringen.

Die Transkription aus der Frakturschrift in zeitgemäßen Schriftsatz erfolgte im Fließtext unter weitestgehender Anpassung an die orthografischen Regeln, die zum Bearbeitungszeitpunkt Gültigkeit hatten. Ausnahmen bilden Archaismen sowie Friedrich Fröbel zuzuschreibende Wortschöpfungen. Der Satzbau blieb unverändert.

Matthias Brodbeck

---

[1] Winkler, Michael: Der politische und sozialpädagogische Fröbel. In: Karl Neumann, Ulf Sauerbrey, Michael Winkler (Hrsg.): Fröbelpädagogik im Kontext der Moderne - Bildung, Erziehung und soziales Handeln - edition Paideia, Jena 2010, S. 28ff.

Mutter- und Kose-Lieder,

wie auch

Lieder zu Körper-, Glieder- und Sinnenspielen.

Zur

frühen und einigen

Pflege des Kindheitlebens.

Ein Familienbuch

von

Friedrich Fröbel.

„Gar hoher Sinn liegt oft im kind'schen Spiel."

Mit Randzeichnungen, erklärendem Texte und Singweisen.

Blankenburg bei Rudolstadt,

die Anstalt zur Pflege des Beschäftigungstriebes der Kindheit und Jugend.

Inhaltsverzeichnis

GEDANKEN ZUR EINFÜHRUNG

Im Jahre 1841, ein Jahr nach der Kindergartengründung, begann Friedrich Fröbel mit einem neuen Projekt. Ihm war klar geworden, dass er auch für die kindliche Entwicklungsphase vor dem ersten Spielen mit dem Ball etwas schaffen müsse:

> *[...] es fehlte mir [...] noch ein wesentliches verbindendes Mittelglied zwischen dem eben erst erwachenden Leben des Kindes und dem sich beschäftigen mit dem Balle [...] Die Vermittlung [...] zwischen dem [...] Kinde [...] und dem ihm [...] gegebenen Balle sind aber die Glieder, die Sinne selbst, und so spielt das Kind zunächst mit und durch sich selbst, wo ihm seine eigenen Glieder: Ärmchen, Händchen, Finger, Füßchen, Fußzehen selbst sogar die Zunge Spielstoff und Darstellungsmaterial sind.* [1]

Die 7 Mutter- und Koselieder und 50 Spiellieder wurden von Fröbel ab 1841 entwickelt und 1844, vier Jahre nach der Kindergartengründung, herausgegeben. Sie entstanden aufgrund der Erkenntnis, dass vor dem Einsetzen des Spieles mit der ersten Spielgabe, dem Ball, bereits wesentliche Entwicklungen erfolgen. Die **Mutter- und Koselieder** sollte die Mutter dem Kind zugewandt singen. Der Blickkontakt und die Stimme der Mutter leisten einen nicht zu überschätzenden Beitrag zur Bindungsentwicklung.

Die **Spiellieder** inspirieren und begleiten das sensumotorische Spiel des Kleinkindes mit den Gliedern seines Körpers und Gegenständen der Umwelt. Die Mutter sollte diese Lieder begleitend zum Spielen und Tun des Kindes singen und das Kind zum Nachahmen von Bewegungen anregen. Auch diese Lieder dienen darüber hinaus der Entwicklung und Festigung von Bindung und sind damit – im Sinne Fröbels – ein erster Beitrag auf dem Weg der Entwicklung von „Lebenseinigung".

Die Vertonung der Lieder besorgte der seit 1839 in Keilhau tätige Musiklehrer Robert Kohl, die Zeichnungen im Buch gestaltete Friedrich Unger. Die Lieder erscheinen heute zum Teil als sehr schwärmerisch und romantisch, was die Frage aufwirft, ob sie noch zeitgemäß sind.

Zeitgemäß, ja eigentlich zeitlos, ist die Notwendigkeit der intensiven, liebevollen Zuwendung zum Kind auch und gerade in den ersten Lebensmonaten. Die Stimmen der Eltern, der Körper- und Blickkontakt sind wesentliche Voraussetzungen für gelingende Bindungsentwicklung. In den 7 Mutter- und Koseliedern und in den erläuternden Texten Fröbels tritt dies deutlich hervor.

---

[1] vgl.: Heiland, Helmut: Briefausgabe Friedrich Fröbel – Bibliothek für Bildungsgeschichtliche Forschung / Fröbel-Forschungsstelle der Universität Duisburg-Essen. - F. an Friederike Schmidt in Gera v. 21.3./22.3.1841 (Blankenburg). - http://opac.bbf.dipf.de/editionen/froebel/fb1841-03-21-01.html (29.07.2020)

Nehmen Sie die zugegebenermaßen mitunter sehr schwärmerisch wirkenden Texte Fröbels durchaus auch als Anregung, Ihre eigenen Worte und Melodien zu finden. Bei 6 der 7 Mutter- und Koselieder birgt das Fehlen einer Vertonung ja sogar die Aufforderung, nach eigenen Melodien zu suchen.

Sprechen oder singen Sie nach Ihren eigenen Melodien diese Lieder mit Ihrem Kind und freuen Sie sich gemeinsam an entstehender Resonanz und daran, dass Ihr Kind beginnt, zu seiner „eigenen Stimme" zu finden.

Wenn das Kind beginnt, Freude an den Bewegungen seines eigenen Körpers zu entwickeln, eigene Körperteile als Spielgegenstände entdeckt und kurze Zeit später erstes Interesse an Gegenständen seiner Umwelt zeigt, dann beginnt die Zeit der 50 Spiellieder – zumindest in der Bedeutung, die Fröbel ihnen ursprünglich zugedacht hatte. Sie waren für ihn vor allem Spiellieder zum Kennenlernen, Kräftigen und Entwickeln der einzelnen Glieder.

Wer das Lied vom „Taubenhaus" aus seiner eigenen Kindergartenzeit kennt, wird es vielleicht nicht als ein „Arme, Hände und Finger übendes Spiel" (so Fröbels Untertitel) kennengelernt haben. Eine der bedeutendsten Mitstreiterinnen und Fortsetzerinnen Fröbelscher Erziehungsideen, Bertha von Marenholtz-Bülow, sagte dazu:

> *„Sehen Sie, [...] da gibt es so manche Spiele, die im Kindergarten oft gespielt werden, welche sich mit der Zeit mit einer Menge neuer Züge bereicherten. [...] (D)as „Taubenhaus" [...] war ursprünglich nur als Fingerspiel [...] bestimmt, aber viele dieser Liedchen wurden nachher im Großen gespielt, so das „Fischchen" und das „Taubenhaus". Anfänglich flogen die Kinder aus, allmählich kam man darauf, dass man sie erzählen ließ, aber in einzelnen Kindergärten hat man das Spiel noch mehr erweitert, wenn die Kinder nicht rechtzeitig in das Haus fliegen, so kommt der Habicht und rupft sie, das macht viel Spaß."*[2]

Das vorliegende Buch enthält die Erläuterungen Fröbels für das sensumotorische Spiel des kleinen Kindes. Relativ breite Anwendung findet heute noch in diesem Zusammenhang das Lied vom „Turmhähnchen" als – wie von Fröbel beschrieben – „Handgelenk und Ellenbogenbewegungen übendes Spiel". Aber auch dieses Lied führt weiter: Es lenkt die Aufmerksamkeit des Kindes auf die Kraft des Windes und vielleicht darauf fußend auf andere Naturkräfte. Viele der anderen Spiellieder haben auch entsprechende – vielleicht heute neu zu entdeckende - Potenzen, die dem Kinde als Impuls für spielerisches Erfahren und damit Lernen dienen können.

---

[2] Benfey, Rudolf: Erinnerungen an Friedrich Fröbel. Cöthen. Paul Schettlers Verlag 1880. S. 59f.

Einige Beispiele seien im Folgenden erwähnt:

Das Erfahren der eigenen Sinne am Beispiel „Schmeckliedchen"

Ei wie so süß, so süß es schmeckt!
Komm, Kindchen, nimm das Beerchen hell,
Das Beerchen vom Johannisstrauch. –
Wie rümpft mein Kind den Mund so schnell,
Doch nimmt es bald das zweite auch;
Das Saftige gar sehr erfrischt,
Obgleich zum Süß sich Sauer mischt.

Das erste Erfahren von Zahlen am Beispiel „Beim Däumchen sag ich Eins"

Beim Däumchen sag' ich Eins,
Beim Zeigefinger: Zwei,
Beim Mittelfinger: Drei,
Beim Ringfinger: Vier,
Beim kleinen Finger Fünf ich sage.
Hab' in 's Bettchen all' gelegt,
Schlafen, keines sich mehr regt;
Still, dass keins zu früh erwache.

Erstes „spielerisches" Erfahren menschlicher Arbeit, Achtung der Arbeit, ihrer Produkte und des arbeitenden Menschen an den Beispielen

Der Tischler
Zisch, zisch, zisch!
Der Tischler hobelt den Tisch.
Tischler, hoble den Tisch mir glatt,
Dass er keine Löcher hat:
Zisch, zisch, zisch!
Tischler, hoble den Tisch.
Lang, lang, lang!
Tischler, hoble die Bank;
Tischler, hoble sie recht blank,
Dass daran kein Span mehr hang';
Lang, lang, lang!
Tischler, hoble die Bank.

Die Köhlerhütte

Klein ist die Köhlerhütte, kaum
Nur für zwei Menschen hat sie Raum;
Doch wohnen d'rinnen wohlgemut,
Der Köhler mit seinen Söhnen gut.
Sie holen das Holz, sie brennen's zu Kohlen;
Und diese die Schmiede auf Wagen abholen.
Wie könnte man Messer, Gabeln, Löffel sonst machen
Und noch die nützlichen anderen Sachen,
Wenn – brennte mit Kohle und Ruß im Gesicht,
Der Köhler mit Sorgfalt die Kohlen uns nicht. –
Komm, Kindchen, wollen den Köhler begrüßen,
Ohn 'n Löffel könnt' Kind ja kein Süppchen genießen;
Und ist er auch schwarz in seinem Gesicht,
So schadet dies seinem Herzen doch nicht.

Bewusste Begegnungen mit der Natur an den Beispielen

Das Vogelnest

In die Hecke, auf die Ästchen
Baut der Vogel sich ein Nestchen;
Legt hinein zwei Eierlein,
Brütet draus zwei Vögelein:
Rufen die Mutter: „piep, piep, piep!
Mütterchen, Du bist uns lieb! "

Das Kind und der Mond

Komm, Kindchen! Schau den Mond,
Der dort am Himmel wohnt.
„Komm Mond, komm doch geschwind
Hierher zum lieben Kind!"
„Wohl käm ich zu Dir gern,
Doch wohn ich gar zu fern,
Kann aus dem blauen Haus
Hier oben nicht heraus.
Weil ich kann kommen nicht,
Send ich mein helles Licht;
Um 's Kindchen zu erfreun,
Schick ich den milden Schein;
Und bin ich auch nicht nah,
Bin ich in Lieb' doch da.
Sei, Kindchen, nur recht fromm,
Von Zeit zu Zeit ich komm ',
Und freundlich ich dann schicke,
Dir meine Liebesblicke;
Wir grüßen uns dann beide,
Gemeinsam uns zur Freude."
„Leb wohl, leb wohl! mein Mond
Mit Liebe, Liebe lohnt." –

Die Erfahrung der Einbettung des Kindes in die Familie am Beispiel

Die Großmama und Mutter lieb und gut

Das ist die Großmama,
Das ist der Großpapa,
Das ist der Vater,
Das ist die Mutter;
Das ist 's kleine Kindchen ja;
Seht die ganze Familie da.
Das ist die Mutter, lieb und gut;
Das ist der Vater mit frohem Muth;
Das ist der Bruder, lang und groß;
Das ist die Schwester,
mit Püppchen im Schoß;
Und dies ist das Kindchen, noch klein und zart,
Und dies die Familie von guter Art,
Die mit sinn'ger, einträchtiger Kraft
Das Rechte und Gute in Freuden schafft.

Das Erleben des Gartens am Beispiel „Der kleine Gärtner"

Komm, wir wollen in den Garten,
All' die Pflänzchen dort zu warten:
Wollen sie gar schön begießen,
Dass die Knöspchen sich erschließen.
Die Knöspchen sich entfalten nun;
Sie grüßen Dich mit süßem Duft,
Womit sie durchwürzen die ganze Luft.
Belohnend ist es, wohlzutun!

Nicht zu übersehen ist an diesen Beispielen aus den 50 Spielliedern Fröbels, wie viel sich im Leben der Menschen und auch in der Sprache in den fast zwei Jahrhunderten seit dem Erscheinen der Fröbelschen Lieder verändert hat. Gleichermaßen wird aber deutlich, dass die aufgegriffenen Themen zumeist auch heute von Bedeutung sind.

Manches Lied – wie eben das Taubenhaus – mag heute noch unverändert sing- und spielbar sein. Aber auch die „alten Lieder" enthalten Potenzen für das spielerische Erfahren und Lernen mit dem Kind. Am Beispiel eines nicht von Fröbel stammenden Liedes soll gezeigt werden, was „alte Lieder" manchmal doch zu leisten vermögen, wie man mit ihnen „umgehen" kann:

Ei, ei, Herr Reiter („Der Steckenpferdreiter")[3]

Musik: Gustav Heinrich Graben-Hoffmann (1820 - 1900)
Text: Robert Reinick (1805 - 1852)

Wer heute auf Reisen geht, wird wohl kaum noch zu Pferd unterwegs sein. Mit der Bahn, dem Bus oder dem Auto geht es bequemer und vor allem (zumeist) schneller. Wenn ein Fahrzeug neuen Treibstoff braucht, wird es aufgetankt und weiter geht es.

Ein Pferd dagegen braucht – wie wir Menschen auch – ab und zu Nahrung und entsprechende Ruhe. Viele Hunderte Kilometer an einem Stück, das war für Pferd und Reiter nicht drin.

Von der Reise eines Reiters und seines Pferdes handelt das folgende Lied, dass sich vielleicht auch als Hintergrund dafür eignet, mit den Kindern über das **Reisen im Wandel der Zeiten**, über **Mensch und Haustier** im Allgemeinen sowie Mensch und Pferd im Besonderen ins Gespräch zu kommen. Auch mögliche nachteilige Folgen mancher moderner Reiseformen – insbesondere für die **Umwelt** – können thematisiert werden.

Vielleicht haben Sie ja das Glück und es gibt im Umfeld Ihres Kindergartens noch Pferde, die Sie mit Ihren Kindern auch besuchen können. Doch **Vorsicht,** Pferde vertragen viele Dinge, die wir Menschen essen, nicht. Manches ist für Pferde sehr giftig! Das Füttern sollte man unbedingt den Besitzern bzw. Pflegern überlassen.

Inhalt des Spiels:

Mehrere Kinder bilden eine breite Straße. Für folgende Rollen werden Kinder ausgewählt:

- Der Reiter
- Wirt und Wirtin
- Schmiede (Meister und 1-2 Gesellen)
- Zwei Kinder, die das Tor bilden, dazu ein Zolleinnehmer mit einem Gehilfen

Die anderen Kinder können sein:

- Andere Gäste des Wirtshauses
- Knechte und Mägde
- Die Familie, die zu Hause auf die Rückkehr des Reiters wartet (Mutter, Kinder, gegebenenfalls Großeltern)

Der **Text des Liedes** enthält Wörter, die den Kindern möglicherweise nicht geläufig sind. Diese müssen im Vorfeld geklärt werden. Das betrifft nicht nur Gegenstände,

---

[3] Vgl. auch Brodbeck, Matthias: Das Leben des Kindes ist Spiel. Fröbels Spielpädagogik heute für Kindergarten, Schule und Familie. Jugendsozialwerk Nordhausen e.V. Verlag Iffland. 2021. Teil 2. S. 322ff.

sondern auch Tätigkeiten, die heute nicht mehr zum Alltag der Kinder gehören, die ihnen aber möglicherweise hier und dort bereits in Märchen und Geschichten begegnet sind:

- Reiter/ Reiten
- Ross
- Wirtshaus
- Heu
- Schmiede
- Hufeisen

- (Huf)-Nägel
- Meister
- Geselle
- Stadttor
- Groschen
- Wache

- Einkehren
- Heu geben
- Trunk nehmen
- Pferd beschlagen
- Dünken
- Zoll

Melodie des Liedes

Als midi-Datei: 

Als mp3-Datei: 

Der Reiter kommt im Wirtshaus an. Wirt, Wirtin, andere Gäste, Knecht und Magd singen die erste Strophe. Die anderen Kinder summen die Melodie mit:

Ei, ei, Herr Reiter, sein Ross will ja nicht weiter,
Mich dünkt, es wird schon müde sein,
drum kehr' er hier im Wirtshaus ein.
Geb' er dem Rösslein frisches Heu,
nehm' er selbst einen Trunk dabei;
so, so, Herr Reiter, nun kann er wieder weiter,
so, so, Herr Reiter, nun kann er wieder weiter.

Der Reiter will am nächsten Morgen aufbrechen. Der Schmied und seine Gesellen machen ihn aber singend darauf aufmerksam, dass sein Pferd neu beschlagen werden muss. Die anderen Kinder summen wiederum die Melodie mit:

Ei, ei, Herr Reiter, sein Ross will ja nicht weiter!
Sein Ross, das will beschlagen sein,
hier ist die Schmiede, tret' er ein.
Drei Nägel werden nötig sein,
die schlage selbst der Meister ein.
So, so, Herr Reiter, nun kann er wieder weiter.
So, so, Herr Reiter, nun kann er wieder weiter.

Der Reiter ist ein Stück geritten, da kommt er an das (Stadt)-Tor. Der Zolleinnehmer, sein Gehilfe und auch die das Tor darstellenden Kinder singen die dritte Strophe, die anderen Kinder summen wieder die Melodie mit.

Halt, halt, Herr Reiter, sein Ross darf hier nicht weiter!
Hier ist die Stadt, hier ist das Tor,
da zahlt man seinen Zoll zuvor;
drei Groschen werden nötig sein,
sonst sperrt man in die Wach' ihn ein.
So, so, Herr Reiter, nun kann er wieder weiter.
So, so, Herr Reiter, nun kann er wieder weiter.

Endlich ist der Reiter wohlbehalten zu Hause angekommen. Er bindet sein Pferd an und betritt das Haus. Die Familie empfängt ihn – die vierte Strophe singend. Die anderen Kinder summen wieder die Melodie:

Ei, ei, Herr Reiter, sein Pferd zum Stall geleit' er!
Nun ist er heimgekehrt vom Ritt,
was bringt er seinen Kindern mit?
Jawohl, er hat daran gedacht
und uns was Schönes mitgebracht.
Dank, Dank, Herr Reiter, nun darf er nicht mehr weiter.
Dank, Dank, Herr Reiter, nun darf er nicht mehr weiter.

Vielleicht haben Sie zu dem einen oder anderen Lied ähnliche Ideen. Vielleicht wollen Sie aber auch noch aus anderen „Liedquellen" schöpfen. Wunderbare Lieder gibt es genug und man kann mit seinen Kindern ja auch **selbst Lieder machen …**

Die Mutter-, Spiel- und Koselieder bringen uns in Erinnerung:

Die Frage ist, wie weit wir verwirklicht, ja wie weit wir überhaupt verstanden haben, was Fröbel gewollt hat […] was es ist, was uns […] gegenüber dem Fröbelschen Konzept fehlt? Niemand wird glauben, dass wir zurückkönnen, aber wenn wir erkennen, was es ist, was uns Fröbel gegenüber abhandengekommen ist, ist schon das gewonnen, was uns weiterbringen kann."[4]

Zum Schluss noch einige Informationen:

- Wenn Sie sich aus wissenschaftlicher Sicht für die Entstehung, die Hintergründe, die Wirkungsgeschichte und die Kritik der Fröbelschen Lieder interessieren, so finden Sie dazu einen Link[5] zu einer Dissertationsschrift von Christiane Konrad.
- Am inhaltlichen Entstehen des Originals der Mutter-, Spiel- und Koselieder waren neben Friedrich Fröbel auch als Komponist der Theologe und Musiklehrer Robert Kohl sowie als Maler und Illustrator Friedrich Unger beteiligt. Christine Konrad verweist in oben genannter Dissertation auf die Möglichkeit, dass Fröbel darüber hinaus Unterstützung von weiteren Personen seines Umfeldes bekommen hat, was aber heute nicht mehr nachvollziehbar ist.
- Neben dem Notensatz einiger Lieder finden Sie QR-Codes. Diese führen Sie jeweils zu mp3-Dateien von Liedern Friedrich Fröbels. Vielen Dank sagen wir den jungen und älteren Künstlern[6], welche die vielfältigen Aufnahmen hier zur Verfügung gestellt haben.
- Dieses Buch ist Bestandteil der Reihe „Frühe Schriften zur Fröbelpädagogik".

BESONDERS HERZLICHER DANK SEI HERRN MICHAEL GRÜBLER, MUSIKER, MUSIKPÄDAGOGE, AUTOR UND VERLEGER, GESAGT. ER STELLTE FREUNDLICHERWEISE DEN VON IHM NACH ORIGINALVORLAGE VON ROBERT KOHL ERSTELLTEN NOTENSATZ DER FRÖBELSCHEN LIEDER FÜR DIESES BUCH ZUR VERFÜGUNG.

IN SEINER BESCHÄFTIGUNG MIT DEN LIEDERN FRIEDRICH FRÖBELS HAT GRÜBLER SICH EINIGER NICHT VERTONTER TEXTE ANGENOMMEN. DURCH ÄNDERUNGEN DES ORIGINALTEXTES BZW. DIE EINBETTUNG IN NEUE MELODIEN SOLL DER INHALT IN ZEITGEMÄSSERE SINGAUFFASSUNG GESTELLT WERDEN. **DAS KLETTERLIED** (DIE KINDER AUF DEM THURME) HAT SICH ALS FINGERSPIEL ENTWICKELT, WÄHREND **DU GUTER MOND** (DAS KIND UND DER MOND) UND **DER KLEINE KNABE UND DER MOND** DURCH RUHIGES VOR- UND MITSINGEN EIN WENIG DEM HEKTISCHEN ALLTAG ENTGEGENWIRKEN SOLL. IN DEM LIED **DER STERNE LICHT** (DAS KAUM ZWEIJÄHRIGE MÄDCHEN UND DIE STERNE) IST DER INHALT DURCH NEUE WORTE UND EINE MELODIE IN UNSERE HEUTIGE ZEIT GERÜCKT. VIEL FREUDE BEIM SINGEN.

Matthias Brodbeck, im März 2025

---

[4] Bollnow, Otto Friedrich: Gedenkrede zu Friedrich Fröbels 200. Geburtstag. In: Festschrift zum 200. Geburtsjahr von Friedrich Fröbel. Festveranstaltung und Fachtagung des Pestalozzi-Fröbel-Verbandes e.V. am 16./17. September 1982 in Palmengarten, Frankfurt am M., hrsg. vom Pestalozzi-Fröbel-Verband e. V. Berlin 1983, S. 7-16.

[5] https://opus.bibliothek.uni-wuerzburg.de/frontdoor/index/index/start/0/rows/10/sortfield/score/sortorder/desc/searchtype/simple/query/friedrich+unger/docId/1819

[6] Michael Grübler; Torsten Sterzik u.a. (vgl. https://www.froebelweb.de/index.php/froebels-schaffen/lieder); Christoph Martin Neumann

Mutter- und Koselieder

Empfindungen der Mutter

beim Anschauen ihres erstgebornen Kindes.

Gott, mein Gott! wie Du mich Gattin hoch beglücktest,
Mir mit Himmelsfreuden Erdenleben schmücktest:
Hast zur höchsten Menschenwürde mich erkoren,
Durch Dich habe ich ein Engelskind geboren.

Gatte, Vater! Lass es Dir zum Segnen reichen,
Als der reinsten Liebe schönstes Ein'gungszeichen;
Denn in ihm sich einig Alles, Alles findet,
Was für Ewigkeiten Gattenherzen bindet.

Kindchen! zwar geboren unter Schmerzen,
Ruhe nun, geliebt, an Deiner Eltern Herzen;
Ja! die zartste Sorge wollen stets wir hegen,
In Dir unser Aller Leben zu treu zu pflegen.

Gott und Vater! Du des Lebens ew'ge Quelle,
Lass auch sie ihm fließen kräftig, rein und helle.
Alle sind ja Deine Kinder wir, - die Deinen,
Lass drum eine Liebe stets uns mit Dir einen.

Die Mutter

im Gefühl ihrer Lebenseinigung mit dem Kinde.

O Kindchen, Du mein! so hold und so lieb,
Dem Herzen ganz leis die Kunde doch gib:
Was aus Dir so warm entgegen mir strahlet,
Gleich Frührot im Frühling in Dir sich mir malet? -
    „Der Glaube ist's, der dem Auge entquillt: -
    Was kann mir geschehen, Du, Mutter! bist Schild.
    Die Liebe ist's, so im Lächelblick spricht: -
    In Ein 'gung mit Dir umgibt mich nur Licht.
    Und Hoffen ist's, das den Busen umschließt: -
    Die Quelle des Lebens sich hier mir ergießt.“
Komm Kindchen! so innig, und lass voll Vertraun
Uns Auge in Auge das Leben erschaun: -
Was immer Dein Herz von Muttertun ahnet,
Dazu stets die Mutter ihr Lieben sanft mahnet;
Einst sagend: sein Glauben, sein Hoffen, sein Lieben
Nicht ungepflegt ist 's im Kindchen geblieben;
Es war ihm im Glauben, im Lieben, im Hoffen
Beseligt als Kind, der Himmel schon offen.

Blick auf die Mutter, versunken im Anschauen ihres Kindes.

aus der „Erklärung der Randzeichnungen"

Was durchleuchtet und durchwärmt, was durchfließt wie eine sanfte Glut, teure Mutter, Dein ganzes Wesen beim Anblick Deines vor Dir ruhenden, lieblichen Kindes? – Was gibt der kleinsten Deiner Hilfeleistungen, die Du ihm reichst, solche Bedeutung und Wichtigkeit, was lehrt Dich die unangenehmsten Geschäfte, die man gern schleunigst den Sinnen entzieht, demnach mit der größten Sorglichkeit zu verrichten; was gibt Dir Ruhe, Besonnenheit, Ausdauer, Mut, Hingabe auch selbst bei Schmerz und Sorge erregenden Erscheinungen des Lebens Deines Kindleins? Es ist, dass Du das Kleinste, betreffe es Ordnung, Reinlichkeit, Nahrung, oder was es auch immer sei, in seinem Zusammenhange, in Einigung mit dem großen Ganzleben, in Rückwirkung auf dasselbe siehst; es ist, dass Du das Leben Deines Kindes, sei es auch in der dunkelsten Ahnung, als ein Ganzes überblickst, worin jedes Einzelne, und sei es das Kleinste, in entwickelnder Fortwirkung erscheint; es ist, dass Du im Gegenwärtigen schon das Künftige siehst. Also die Ahnung und Auffassung, die Erfassung und Anschauung des Lebens als eines Ganzen, worin jedes Einzelne an seiner richtigen Stelle und in seiner wahren Bedeutung erkannt wird: dies ist es, was Deinem Leben und Wirken all die oben genannten reichen Gaben und hohen Eigenschaften gibt.

Du siehst und erkennst also darin und durch Dein eigenes Leben und Gemüt, Erfahren und Wirken: willst Du Deinem lieben Kinde für sein künftiges Leben und Wirken auch seine Bestimmung so erreichen und seinen Beruf so erfüllen machen, wie Du Deine weibliche Bestimmung und Deinen mütterlichen Beruf mit Würdigung und Anerkennung des Kleinen, mit Überwindung des Unangenehmen, mit Besonnenheit, Ausdauer und Mut erfüllst, so musst Du auch Deines Kindes Leben frühe als ein Ganzes, worin auch das Kleinste seine Bedeutung und seine fortentwickelnde Wichtigkeit hat, nicht nur ahnen und fühlen, sondern auch anschauen, erkennen und im Leben in sich, wie durch die Tat außer sich festhalten machen. Dann wird Deines Kindes Leben auf jeder seiner Stufen und in der Ganzheit seiner Entwickelung dieselben Erscheinungen, all die genannten, hochherrlichen Eigenschaften zeigen, die Dein Leben, Mutter, uns allen kund tut. Allein darin Mutter, liegt es nun, dass unser späteres Leben uns Vieles als uns und demselben mangelnd zeigt, weil wir als Kind nur eben, und leider zu früh, aus der Ahnung jenes hohen, inneren und innigen, auch das Kleinste umschließenden und in seiner Bedeutung zeigenden Lebenszusammenhanges herausgerissen werden und so nie zur Erkenntnis und klaren Anschauung, noch weniger aber zur Festhaltung desselben oder doch erst ganz spät, wenn uns der schönste und reichste Theil unseres Lebens und die lieblichsten Erscheinungen desselben verloren gegangen sind, zu dessen Würdigung gelangen.

Welche Erscheinung ist nun aber für uns lieblicher, aber auch wichtiger, worauf ruhen wir freudenvoller und welche wird die Kunst, wenn auch in der individuellsten Beziehung, nie müde, uns immer wieder von Neuem im Bilde vorzuführen? – Es ist dies die Kindheit, es ist dies die Mütterlichkeit und Kindlichkeit in der Säuglingszeit unseres Lebens in innigster Einigung und wechselseitiger Durchdringung. Doch nur in einer einzigen Erscheinung führt es die Kunst, und wenn auch in noch so hoher idealer Auffassung, uns vor. Aber wo sind die hundert und abermals hundert Erscheinungen und Gestalten, womit Mutterliebe unser Leben pflegte und entwickelte? – In das Meer der Vergessenheit sind sie untergegangen, und doch sind sie die Wellen, die einst uns und unser Lebensschiff auf dem Strome des Lebens gefahrlos zum Hafen führen sollen, - erkannt und festgehalten, führen würden.

Zu dieser Festhaltung des ersten Kindheitslebens in der Säuglings- und frühesten Zeit seines Daseins, als wahrer Keimzeit, als der ersten Entwickelungsperiode des ganzen künftigen Menschenlebens nicht nur, sondern zum allgemeinen Kennen, wahren Erkennen und tieferen Anerkennung alles dessen, was von Dir, Mutter, für Dein lieb Kindlein, mit welchen Gesinnungen, in welcher Absicht und mit welchem Zweck, überhaupt aus welchem Geiste es von Dir geschah, dazu sollen wir nicht nur diese Mutter- , Kose- und Spiellieder selbst, sondern vor allem auch die Randzeichnungen zu selbigen, einen kleinen und unvollkommenen Anfang liefern. Nimm ihn, nehmt ihn, Mütter! gütig und nachsichtsvoll hin, ruht nicht zu prüfend auf der Kunst der Darstellung; es ist der erste Versuch derselben für solchen Zweck und mit solchem Geiste; er musste unvollkommen sein; doch, wird Euch selbst dadurch klar, was Ihr in Ahnung Eurer hohen Bestimmung bisher wohl oft sehr liebevoll aber auch gewöhnlich mehr im Gefühl als mit Einsicht und Erkenntnis, darum aber auch oft schwankend und missgreifend, anwandtet.

Kommt dies alles dadurch Euch zum Bewusstsein, so werdet Ihr leicht über die Unvollkommenheit dieses ersten Verfahrens hinwegschauen, die Kindlein tun es ja an und für sich schon. Und wie diese Lieder und Bilder Euch die Gegenwart klar und die Zukunft schauend machen, so sollen sie in ihrem Verein für Deine lieben Kindlein, Mutter, in seinem nächsten Jahre, wo es so gern vom Gegenstand zum Bilde übergeht, ja in diesem selbst schon das Sinnbild sieht, an Deiner Hand, belebt durch Deinen Mund, erwärmt durch Dein Herz, ein Bilderbuch sein, was ihm seine, wenn auch noch erst jüngste Vergangenheit, was ihm seine erste und früheste Kindheit zurück führt, dass es sie festhalte, nicht etwa bloß als äußere Grundlage, nein! als den Keim seines ganzen künftigen Lebens.

Denn was die Mutter wecket und pflegt
Mit erstem sinn'gen Spiele und Lied;
Was ihre Liebe schützend umhegt:
Wirkt segnend fort ins tausendste Glied.

Ist dies, teure Mutter, nicht auch mit den Gefühlen der Fall, welche Dein erstgeborenes und jedes folgend geborene lieb Kindchen in Dir weckte, als Du es in seinen ersten sanften Lebensregungen vor Dir auf Deinem Schoße in Deinen Armen erblicktest? – Sind diese Gefühle, die Dich zur würdigen und liebenden Pflege Deines Kindes sanft und doch dringend hinleiteten, nicht auch ebenso zum Wohle Deines Kindes, wie zum Frieden und zur Beruhigung Deiner selbst, wieder der zartesten Beachtung, Sorgfalt und vor allem solcher Pflege wert? fördern sie dieselben nicht? – Sollten diese Gefühle vorübergehend sein? – Waren es nicht Gefühle unnennbaren Glückes, waren es nicht Empfindungen der Seligkeit, welche Dich da durchflossen, die Dich gleichsam zu einem Wesen höherer Art machten? – wie denn auch Dein äußeres Erscheinen den Ausdruck höherer, innerer Vollendung ja himmlischer Milde und Klarheit an sich trug. – Wer Dich dort sah, wem wäre es entgangen? – Wie konnte nun Dein Bewusstsein, einem Kindlein Leben und Dasein gegeben zu haben, wie konnte Dein sinnender Blick auf dasselbe, solches bewirken? – Es ist die Ahnung eines unaussprechlich Beseligenden , welches mit dem menschlichen Dasein und Leben zugleich gegeben ist! --

Aber Mutter! ist es nicht auch wahr, dass bald die Sorge um die äußere Lebenserhaltung des von Gott Geschenkten, jene Gefühle und Empfindungen immer mehr zurück treten macht, sie immer mehr abkühlt, ja nur gar zu oft am Ende ganz schwindend macht? – Soll es wohl so sein? – Sind jene Gefühle nur der süße, hohe Lohn für das unnennbare Weh und die tiefen Schmerzen, welche dem Himmelsgeschenk irdisches Dasein gaben, oder ist es das geistige Anwehen des Gefühls hoher Mutterpflege, welches später als Bewusstsein von Dir aus Dein Kind durch das ganze Leben, mindestens durch sein ganzes Erziehungsleben, bis zur Zeit selbstständiger Reife begleiten soll? – Ich glaube das Letztere! – Darf ich es Dir in einem Bilde zeigen wie ich meine? – Lass‘ mich es Dir in einem treuen und wahren Lebensbilde, in einem Bilde einer erlebten Lebenstatsache vorführen.

Als ich ein Knabe mit erwachendem Natursinn war, entdeckte ich unter der Hecke weißer Rosen in meines Vaters Garten ein kleines fast unscheinbares fünfblätteriges rötliches Blümchen, mit fünf goldenen Punkten in seiner Mitte. Es war ein einfaches Kind der Natur, und hundert viel schönere Blumen standen gepflegt von des Vaters sorgsamer Hand im Garten umher, während jenem nur, am unscheinbaren Orte, unbeachtet zu blühen gestattet war. Doch war es eben dieses Blümchen, was vor allen meine Aufmerksamkeit auf sich zog; denn wenn ich in das Krönchen desselben hinein und zwischen die goldenen Sternchen hindurch schaute, glaubte ich in eine endlose Tiefe zu blicken. Stundenlang habe ich durch Monate und Jahre hindurch, wenn des Blümchens Blütezeit war, in dasselbe geblickt, es schien mir immer etwas sagen zu wollen, und doch konnte ich nichts verstehen; dennoch wurde ich gar nicht müde in das Blümchen zu schauen, ich meinte, ich müsse doch notwendig etwas darin ersehen.

Sieh nun, teure Mutter! mit solcher Liebe, solcher Sehnsucht, solchem Ahnen, meine ich, schaust Du, dem, gleich einer Blume vor Dir erblühten Kinde, in sein seelenvolles Gesicht, in die klare Seh seines Auges; auch Du möchtest in des Kindes Stern und Seh – Etwas – ja einen Himmel ersehen. Mein Blümleinschauen gleicht Deinem Kindleinschauen, und so meine ich, verstehe ich Dich und Du mich. Allein wir verstehen uns ja schon durch unsers Lieblings Blick unmittelbar.

Doch der Knabe wanderte vom Vaterhaus, verließ den lieblichen Garten und – das Blümchen war vergessen. Allein, denke Dir die Freude! als es der Jüngling, nun der Natur mehr Vertrauter, es wieder fand; er fand es in Gesellschaft des, seine Blüten im Frühfrühjahre nicht minder bedeutungsvoll hervordrängenden Haselstrauches und – mit gleicher inniger Liebe wie früher erblickte er es wieder, ja mit gleicher Sehnsucht; doch es redete nun seine Sprache, die Geheimnisse des Daseins und der Entwickelung geheimnisvolles Gesetz lehrte es ihn jetzt ahnen, allein es schwand auch hier wieder in den, alles in sich hinabziehenden, Lebensstrom.

Als Mann, im Wirken für erkannten Lebensberuf, begegnet mir das Blümchen wieder; was ahnend es mir als hinfälliges Blümchen gezeigt, hatte ich nun in dem ausdauernden zehn-, hundert-, ja tausendjährigen Baume gefunden: - ein Sinnbild zur Erkenntnis des Guten und Bösen, des Rechten und Schlechten, des Seins und Scheins. Nun nach fünfzig Jahren ist mir klar, warum ich als sinnender Knabe so sehnsüchtig geschaut in des Blümchens Tiefe, und dass mir der Genius des Lebens darin des Lebens Tiefe, des Lebens Gesetz und Bedeutung ahnend erblicken ließ. Sieh, Mutter! was ich hier sinnbildlich sah, erblicket Dein Auge in Wirklichkeit in Deinem lieben Kindlein. Sollen auch Dir fünfzig und mehr Jahre vergehen wie mir, ehe Du Dir es klar deutest, was sein Leben Dir von sich, und vom Leben überhaupt sagt? – Dann ist ja das Leben fast ganz verlebt, was nützt Dir und ihm dann viel die Erkenntnis des Wahren! Was lehrt der sehnende Blick in Blümchens Stern und in des Kindes Auge? – : „Was sich entfaltet, sei es als Blümchen, als Baum oder als Mensch, es ist als Bedingung in der Gesamtheit seines Daseins gegeben und – ganzer vollendeter Mensch zu sein, liegt so bestimmt im ersten Erscheinen und ersten Blicke des Kindes, als es in des Blümchens, des Baumes erstem Erscheinen liegt, vollendetes Blümchen, vollendeter Baum an sich zu sein.“

Sieh, Mutter! in diesem Ahnen und Sehnen nun, dass in Deinem Kinde ein ganzes Menschenwesen, ein für Vollendung und Vollkommenheit bestimmtes Wesen ruhe, darin liegt der Dich ganz verklärende Blick Deines Kindes. Was ist nun aber das ausschließende Menschenwesen, was unverkümmert und unverkürzt in Deinem Kinde sich leuchtend ausspricht? – Sieh, Mutter! Dein Kind, als eben Dein, d. i. Menschenkind, ist bestimmt in der Vergangenheit und Zukunft, wie in der Gegenwart zu leben; den einen Himmel der Vergangenheit bringt es schon in sein Dasein mit, wie es durch sein Erscheinen in der Gegenwart einen Himmel gab und den Himmel einer Zukunft in sich erschließt. Siehe, dieser dreifache Himmel, den Du, Mutter, in Dir trägst, leuchtet Dir auch aus Deinem Kindlein entgegen.

Das Tier lebt nur in der Gegenwart; Vergangenheit und Zukunft in seiner Ausdehnung kennt es nicht. Den Blick in die Zukunft, den Himmel der Zukunft erschließt aber die Hoffnung – den Himmel der Gegenwart, das Gefühl des innigen Einsseins alles Lebens, Leid wie Freud, öffnet die Liebe, und der Glaube steigt dem Blick aus der Vergangenheit entgegen. Denn Mutter! Mutter! welches Gemüt würde nicht von dem unerschütterlichsten Glauben, vom himmelfesten Glauben an alles Gute, Wahre, Heilige, Menschheitliche und Göttliche erfüllt, schaut es sinnig und klaren Auges in die Vergangenheit, in alle Vergangenheit? und wo wäre ein Mensch, in dessen Geiste solches Schauen in die Tatsachen der Vergangenheit nicht gläubiges Schauen und schauender Glaube, nicht Schauen der Wahrheit würde? und ist es der Geist der Wahrheit nicht, der ins echte Leben führt? –

Sieh nun, Mutter! diese Angel- und Einigungspunkte unseres höchsten und heiligsten Menschenlebens, Gegenwart, Vergangenheit und Zukunft, diese drei Genien des Menschenlebens: **Glaube, Liebe** und **Hoffnung,** sie strahlen Dir schon aus Deinem Kinde entgegen. Dieses Ahnen ist's, Mutter! was Dein Wesen im Anblick Deines erstgeborenen Kindleins, bei jedem Deiner Dir neugeborenen Kindlein so verklärt, dass in Deinem Kinde schon der Menschheit Höchstes liegt, dies ist es. Pflege die Ahnung, Mutter! denn Du weißt durch dieselbe einigst Du Deines Kindes Wesen, treu mit der Einheit alles Lebens, in dem Dreiklang seines Wesens mit der Quelle alles **Lichtes,** aller **Liebe** und alles **Lebens:** Gotte!

Und im Glauben, im Lieben, im Hoffen
Sieht Dein Kind den Himmel schon offen.
Von Ihm, dem Lichte, der Liebe, dem Leben,
Ward ihm des Himmels Weihe gegeben.

EINGANGSLIED.

Die Mutter

selig im Anschauen ihres Kindes.

Früh-roth im Früh-ling in dir sich mir ma-let, was aus dir so
sem - -
warm ent - ge - gen mir strah-let, gleich Früh-roth im Früh-ling in
- - - - - pre   cre - scen - - do   dim.
dir sich mir ma-let? Der Glau-be ist's, der dem Au - ge ent-
dolce
dolce
quillt, was kann ge - scheh'n,___ du Mut-ter bist Schild; und Lie - be

sem - - pre cre - - scen - - do
ist's, so im Lä-chel-blick spricht, in Ein'-gung mit dir___ um - giebt mich nur
sem - - pre cre - - scen - - do
Licht, und Hof-fen ist's, das den Bu-sen um-schliesst, die Quel-le des Le-bens sich
ri - tar - dan - do   a tempo
hier mir er - giesst! Komm Kind-chen, so in - nig, und lass___ voll Ver-trau-en, uns
a tempo
ri - tar - dan - do
sem - - pre cre - - scen -
Au-ge in Au-ge das Le-ben er - schau-en; was im-mer dein Herz-chen von Mut-ter-thum
sem - - pre cre - - scen -

- - do
dolce
ah - net, da - zu stets der Mut-ter ihr Lie-ben sanft mah-net; einst sa - gend, dein
- - do
dolce
Glau - ben, Hof-fen Lie-ben nicht un - ge-pflegt ist's im Kind-chen ge - blie-ben, es
cre - - - scen - - - do
war ihm im Glau-ben, im Lie-ben und Hof-fen be - se-ligt als Kind - lein der
cre - - - scen - - - do
Him- mel schon of-fen.
un poco ri - tar - - dan - do
p
pp
Ped.
Ped.
Ped.
Ped.

Die Mutter selig im Beschauen ihres Kindes.

Kindchen! mein Kindchen, sag es doch mir,
Warum mir Alles so lieb ist an Dir?
Warum im tändelnden, scherzenden Spiel
Find' ich der reinsten Freuden so viel?

Dem Blumenknöspchen Dein Köpfchen ja gleicht,
Wie's Blühen der Blume mir Freude es reicht;
Wie Frieden das Knöspchen so lieblich umkränzt,
So Trautes! Dein Stirnchen in Unschuld erglänzt;
Wie friedig das Knöspchen sich duftend erschließt,
So Liebchen, Dein Auge mir Leben ergießt.

Mutterfreuden, hohes Glück,
Gibt im Blick Dein Aug ' zurück!

Wie freudig in Fülle die Blümchen hold prangen,
So frisch in Gesundheit die rosigen Wangen;
Wie klar in der Blume die Sonne sich malt,
Die Seele so Deinem Gesichtchen entstrahlt;
Und siegreich der lächelnde liebe Mund
Schließt innig den zartesten Herzensbund;
Ja, durch Dich, lieb Köpfchen ganz und gar,
Macht's Kindes Engel sich offenbar.
In Körper und Gliedern die Kraft sich schon regt,
Die einst durch Gefahren zum Ziele hin trägt.
Dem ganze Kinde so lieblich und mild,
Entquillt der Menschheit hochherrliches Bild.
In Schwachheit selbst Menschenwürde sich zeigt,
Darum mein Herze so zu Dir sich neigt.
Das reinste Leben, was in mir ich trage,
Kommt mir, mein Kindchen, in Deinem zu Tage.

Drum Dich, mein Liebchen zu pflegen, zu hüten,
gibt Freude mir, schenket mir Seelenfrieden.

Die Mutter beim Spielen mit ihrem Kinde.

„Mutter! saug' aus allem, was am Kindlein sieht dein Blick,
Saug' Dir hohes Lebensglück!
Dass Du weißt, was Seelenfrieden, Lebensglück für hohe Güter sind,
Um zu wahren sie in Deinem Kind."

Kindchen! lieb Kindchen ich bin Dir so hold,
Bist mir viel lieber als Perlen und Gold.
Soll ich Dir alles das Liebliche nennen,
Woran ich sogleich kann mein Kindchen erkennen?
Dieß ist das Köpfchen, noch ist es Dir schwer,
Leg's in die weiche Hand darum her.
Dieß ist die Stirn und dies sind die Augen,
Daraus ich Lust und Freude kann saugen.
Dieß sind die Wangen wie Milch und wie Blut:
Wie bin ich doch meinem Kindchen so gut.
Dieß sind die kleinen, die lieben Öhrchen,
Durch sie kann's schöne Liedchen bald hören.
Dieß ist die Nase und dies ist der Mund,
Der tut mir Liebes und Schönes still kund.
Dieß sind die Lippen, wie Rosen so rot,
Welchen schon manchen Kuss ich leis' bot;
Dieß ist das kleine und runde Kinn,
Dem Grübchen darin gar gut ich bin.
Dieß ist das Angesicht freundlich und klar
Und dieses der Scheitel mit blondem* Haar.   * braunem, lockigem
Dieß ist das Hälschen so zart und so fett,
Weshalb es auch so rund und so nett.
Dieß ist des Kindchens schöner Nacken,
Sanft drück ich 's damit an meine Backen.
Dieß ist des Liebchens voller Rücken,
Damit lässt gern an den Busen sich's drücken.
Dieß sind die Händchen und Fingerlein,
Wie spielet damit schon mein Kindchen so fein.
Dieß, Trautchen, sind Deine gar lieblichen Arme,
In meinem da halt ich Dich Kindchen so warme.
Und diese Brust, wie ist sie so hoch!
Wie freu' ich des Kindchens Gesundheit mich doch.
Und unter der Brust liegt das Herzchen verborgen,
Möcht' frei es doch bleiben von Kummer und Sorgen;

Möcht' bleiben es immer so klar und rein,
Wie's Kindes liebe Guckäugelein.
Bald wird es des Lebens verborgene Quelle
Drin fühlen; stets fließe sie rein ihm und helle! –
Dieß ist das kleine Strampfelbein,
Drauf steht mein Kindchen bald ganz allein.
Dieß ist der kleine Strampfelfuß,
Auf welchem mein Kindchen bald gehen muss.
Dieß ist das Knie und dies sind die Waden,
Bald kann mein Kindchen durchs Wasser auch baden.
Die Knöspchen am Füßchen, sie heißen die Zehen,
Nicht sind es nur neun, es sind ihrer zehen.
Dieß ist mein Kindchen nun ganz und gar,
Bald springt 's davon, wenn 's ist ein Jahr;
Dann wird 's im frohen Kindesleben,
Vom sinn'gen Geiste Kunde geben,
Den ich schon seh' im Kinde sich regen,
Und den ich so gern in Stille mag pflegen.

Die Mutter im Anschauen
ihres sich entwickelnden Kindes.

Sieht Mutter im Kinde die Kraft sich entfalten,
So spricht sie: „Gott möge es behüten und erhalten,
Er möge über dem Kindlein walten!"
Doch will sie sicher nun
In Dem Vertrauen ruhn,
So muss sie auch das Ihre tun!

Mein Kindchen ist wie's Blümchen schön,
Wer 's will, der kann es selbst besehn.
Sein Köpfchen ist so rund und blank
Und seine Stirn so glatt und frank.
Aus seinen Äuglein sieht mein Kind so klar,
Durch seine Öhrchen nimmt's die Liedchen wahr;
Mit seinem Näschen riecht's die Blümelein,
Und mit dem Munde isst's sein Süppchen fein.
Die runden Wänglein schläft sich's rot,
Was hat's wohl mit dem Kindchen Not? –

Dazu ist es klar und rein,
Sollt' es nicht meine Freude sein?
Die Händchen auf und zu kann's machen,
Damit schon greifen viele Sachen.
Das Bällchen kann schon fest es fassen,
Es ist ihm lieb, will's nicht mehr lassen.
Die Ärmchen kann's schon kräftig regen,
Kann auf und ab sie schön bewegen.
Und mit dem Bällchen macht's poch, poch!
Doch schlägt's nicht sich, dem Tisch kein Loch.
Auf seinen Beinchen kann es springen,
Hoch möcht' es schon zum Himmel dringen.
Kindchen, Deine Lebenskraft
Ist's, die Alles in Dir schafft.
Lasse sie uns wohl behüten,
Uns zur Freude, uns zum Frieden;
Denn in reiner Lebenslust
Wird mein Kind sich sein bewusst,
Lernt das Leben recht gebrauchen;
Hochgenuss aus Taten saugen.

Die Mutter und das Kind,

wenn es auf ihrem Schoße steht und in ihrem Arme ruht.

„Wohl der Mutter, die pflegend Göttliches fühlt,
Wenn mit dem herzigen Kindlein menschlich sie spielt;
Wohl der Mutter, wenn sie fühlt die hohe Wonne,
Einer Menschheitblum' zu sein die Lebenssonne: -
Denn woher die Sonne ihre Strahlen sendet,
Dahin ja das Blümchen auch sein Innres wendet."

Kindchen! zeig mir Deine klaren Äugelein,
Lass mich durch sie sehen in Dein Herz hinein.
Lächle mir mit Deinen Rosen – Lippen,
Aus den Röschen Seligkeit zu nippen.
Gib mir leis auch deinen Mund, den süßen,
Segen auf denselben Dir zu küssen;
Reiche mir auch Deine lieben Händchen,
Sollen sein der Seelen zarte Bändchen;

Leg' um meinen Nacken Deinen weichen Arm,
Zu umschlingen Dich mein Kind so liebewarm;
Zeig' mir auch die lieben Öhrchen,
'S Köpfchen mit den zarten Härchen,
Dass mein Kindchen fein
Durch der Liebe Schein
Möge gleich der Lilie blühn,
Aus des Lebens frischem Grün.
Steh auf Deinen Füßchen fest im Mutterschoß,
So der Mutter nah zu sein, welch' süßes Los!
Will zu Dein und ihrer Wonne
Gern sein Deines Lebens Sonne:
Ruh' nur sanft an treuer Mutter Brust,
Dir, mein Kind, wie ihr zur Lust.

Das Kind an der Mutter Brust.

„Mutter! Nicht nur Leibesnahrung suchet Deine Lebensblüte,
Nein! Trau ihrem Triebe,
Sie sucht auch die Liebe;
Sucht ein liebes, frommes, sinniges Gemüte."

O, sehet nur mit welcher Lust
Das Kindchen umfängt der Mutter Brust!
Es ist der schlummernde Liebessinn,
Der es mit treibt zur Mutter hin.
Wie es die Milch jetzt sauget ein,
Wird's achtend der Mutterlehre sein;
Und mit des Herzens stillem Verlangen
Wird's liebend einst die Mutter umfangen;
Und aus der sanften Mutter Güte
Wird Stärkung ziehn sein zart Gemüte.

Spiellieder

Strampfelbein.

„Wenn Kindchen zur Lust Arm' und Beine bewegt,
In der Mutter die Spiellust mit dem Kinde sich regt.
Vom Schöpfer ist ihr dies zur Weisung gegeben:
Schon früh im Kinde
Gewandt, gelinde
Durch Äuß'res zu pflegen sein inneres Leben;
Durch Scherze und Spiele und sinniges Necken
Gefühle, Empfindung und Ahnen zu wecken."

Flugs gib mir das Strampfelbein,
Wollen schlagen aus Mohn und Lein
Öl für's Lämpchen zierlich, klein,
Daß es brenne hell und rein,
     Wenn Mutterlieb' in langer Nacht
     Für's liebe, kleine Kindchen wacht.

Strampfelbein

Erklärung der Randzeichnung

Leben, sinnig pflegende Mutter! ist der Mittelpunkt all' Deines Gefühls, Deiner Empfindungen und Gedanken; Leben ist der Mittel- und Beziehungspunkt all' Deines Wirkens, Schaffens und Tuns; darum ist auch Dein Fühlen und Wirken, Dein Denken und Tun stets ein so innig einiges, und alle und jede Lebenserscheinung Deines geliebten Kindes regt beide in inniger Einigung an und auf.

Nichts gibt Dir darum mehr Freude, als die Erscheinung und Beachtung der ruhigen und kräftigen, selbst im Verhältnis zur Kraft, mächtigen und gewaltigen Lebenserscheinungen in Deinem Kinde, sobald sie nur natur- und lebensgesetzig sind; und wo sie Dir so entgegen treten, fühlst Du Dich, wenn Dich nicht Vorurteil, Gewohnheit und Misskenntnis davon abhalten, sogleich aufgefordert, dass sich regende Leben Deines Kindleins auch unmittelbar zu pflegen, zu warten, es pflegend erstarken zu machen, es zu entwickeln, zu üben, zu bilden, so es Deinem Kinde zunächst mindestens zur Selbstgewahrung zu bringen.

Dein Kind liegt auf seinem durch und durch reinlichen Kissen vor Dir im stärkenden Luftbad, nachdem ein klares Wasserbad es schon gekräftigt hat; im wohligen Gefühle der Gesundheit seines ganzen Körpers liegt es vor Dir, schlägt mit den Ärmchen wie es mit den Beinchen strampfelt. Einen Gegenstand sucht es für selbige, das fühlest Du, woran und wodurch es seine Kraft messen, so wie, sie steigernd, sich ihrer erfreuen könne. Was Du in des Kindes Tun als Bedürfnis, gleichsam als Wunsch liest, dem kommt Deine Mutterliebe pflegend entgegen; Deine Hände oder Deine Brust, gegen die es abwechselnd seine Beinchen stemmt, gegen die es tritt, strampfelt, werden ihm für diese wie Kraftmesser, so Kraftstärker. Du folgst dem Bewegungsgesetz seiner Kraftäußerung.

Doch nicht nur äußeres, leibliches Leben willst Du so pflegen, auch sein inneres, sein Gefühls-, Empfindungs-, sein Seelenleben; nicht nur seine Kraft soll es durch die Deine gewahren, sondern auch Deine Liebe, die Gesinnungen, mit welchen Du alles dies tust, gleichsam fühlen; so kommt zum Tun und Worte der melodische Ton. Wie seine erwachenden und wachsenden Kräfte für Dich gleichsam des Öl zur Pflege Deiner Liebe, Deiner Liebesflamme sind, dies möchtest Du Deinem Kindlein wohl jetzt schon fühlen, mindestens später erkennend machen. Das Nachtlämpchen, was, während Deine Liebe fürs Kindlein in all' den vergangenen Nächten wachte, neben Dir stand, gibt Dir die Veranlassung und das Bild dazu. Gesetzmäßige Kraftentwickelung und angemessener Kraftgebrauch brachte aus den ölgebenden Gewächsen – aus Rübsaat oder Raps, Lein oder Mohn, oder wie sie sonst heißen und in verschiedenen Gegenden in Anwendung kommen mögen – für das Lämpchen des Wachens nährendes Öl hervor: so soll das Kindlein später fühlen, dass aus der harmonischen Entwicklung und aus der angemessenen Anwendung und dem Gebrauche all' seiner Kräfte ihm Pflege Deiner Mutterliebe hervorgehe. Die Ölmühle zur Linken, wo im gesicherten Ort ein Mohn- und ein Leinkörnchen Raum gefunden haben, Wurzeln zu schlagen und hervor zu wachsen, sollen Dir, bis sich einmal Gelegenheit findet mit ihm eine solche Mühle in der Wirklichkeit zu sehen, Mittel an die Hand geben, Deinem Kinde bei heraufentwickeltem Verständnis dazu, dies in Beziehung auf Öl und Mohn zu zeigen. Dieß ist nun geschehen.

Was der Knabe, das Mädchen sahen, führt jedes auf seine Weise aus. Die gleichsam uns liebende, all' wirkende Kraft in der Natur, wenn auch den Kindern nicht einsichtig, doch ahnen und fühlen zu machen, hat die Mutter ihre Kindleins Schar in 's nahgelegene Bergtal geführt. Dort oben am Bergquell hat nun der Knabe seiner Ölstampfmühle einen Platz gesucht, dass vom Wasser getrieben sie munter sich bewege. Sein jüngerer Bruder hockt staunend dabei, die blendende Sonne sich vom Gesichte haltend, dass sie ihn nicht hindere, das Werk des Bruders zu bewundern. Die älteste Schwester sucht kürzer zum Ziele zu gelangen: mit ihren gesunden Füßen watet sie in dem klaren Bach, in welchem sie knetend den feinen Sand zu einem gestaltbaren Teig zu formen sucht. Von ihren Lieben umgeben, sitzt die Mutter darüber sinnend: „wie aus gleicher Kinder- und Kindheitpflege doch so verschiedenes Kinderleben sich gestalte."

Im Spiegel der kindlichen Spiele sieht sie das spätere Leben aller drei, vom Wasser und dessen Kraft gefesselten, Kinder. Der älteste, so ahnet sie, wird einst des Lebens Kraft zum seinem Ziele leiten, mittelbar durch seinen Geist, dass er gebrauchen lerne, was dazu führe; das Mädchen wird unmittelbar durch ihr eignes Leben und Tun zu ihrem Ziele kommen, festhaltend dasselbe im eigenen Gemüt und gegeben mit eigener Kraft; erreichen wird es der jüngere Knabe, indem er das Wesen der Kraft und die Gesetze ihres Wirkens zu erforschen sucht.

Wie im Innern ein jedes ihrer spielenden Kinder ein reiches Leben in der Gegenwart lebt, so lebt die Mutter es wie in Gegenwart und Zukunft so auch in Vergangenheit. Denn auf die Frage: - wo will Sie hin, liebe Frau? hat die mit dem Korbe vorübergehende, nun schon etwas den Berg herauf gegangene, Frau geantwortet: „Hinauf zum reichen Müller, ich will sehen, ob ich für das, was ich ihm bringe, etwas Öl bekomme; denn mein Kindchen ist so krank und da muss ich die ganze Nacht bei ihm wachen. Auch bedarf ich Brot; denn ich kann nun nichts verdienen und doch will das arme Kindchen ja auch essen." – Durch diese Antwort ist der Mutter ihr Strampfelbeinspiel aus der Vergangenheit vor die Seele getreten und mit Hinblick auf ihre Kindlein und im Denken an sich, fragt sie: - Wird der Kinder einstiges Leben der Mutter Liebe dankend lohnen?

KOSE UND SPIELLIEDER.

1.

M.M. ♩ = 120.

Strampfelbein

2.

M.M. ♩ = 126.

Pautz! da fällt mein Kindchen nieder

* Die klein gedruckten Noten sind Andeutungen einer schwierigeren zweiten Stimme für befähigtere Sänger. Der hier und da vorkommende zweite und dritte Alt sollte nur zur Erklärung der Harmonie dienen, kann jedoch auch in geübteren Elementarklassen mitgesungen werden.

Bautz!
da fällt mein Kindchen nieder.

„In jedem, was die Mutter tut,
Ein hoher Sinn stets wirkend ruht;
Selbst wenn sie „Bautz–fall-nieder" spielet,
Ihr Sinn ein höh'res Ziel erzielet.
So stets in allem, was sie schafft:
Nur stärken will sie Geist und Kraft,
Dass, wenn ihr Kindchen einst auch gleite,
Es sorgsam doch das Fallen meide."

Bautz! da fällt mein Kindchen nieder,
Fröhlich hebt's die Liebe wieder,
Und mein holdes Kindchen lacht;
Denn der Mutter Auge wacht,
Dass sich's Kindchen nicht tu' wehe,
Nur zur Lust es ihm geschehe.
Bautz! da fällt mein Kindchen nieder,
Fröhlich hebt's die Mutter wieder;
So sich Geist und Leib entfaltet,
Sinnigkeit in Allem waltet.

Bautz, da fällt mein Kindchen nieder!
Erklärung des Körperspiels zur Stärkung des ganzen Körpers.

Wie es im Leben oft geschieht, dass Naheliegendes übersehen wird, so geschah es auch mit diesem Liedchen, und später wollte sich an seine Stelle hier, aus Gründen des Künstlers, die Beachtung verdienten, eine Randzeichnung nicht wohl möglich machen, doch da das Liedchen und Spiel als Körperspiel nicht wohl ausfallen konnte, so steht es hier ohne Randzeichnung. Allein es erklärt sich Dir, sinnige Mutter! durch sich selbst und durch Motto auch leicht, wie es sich als Ausführung leicht zeichnet.

Ich sehe Dich, teure Mutter! wie Du vor dem Tische, auf welchem ein Kissen ausgebreitet liegt, oder vor dem Schlafbettchen Deines Lieblings stehst, denselben mit seinem kleinen, vollen Rücken, halb sitzend, halb liegend, in Deinen gleichsam zu einem Körbchen sich gestalteten Händen, wenig erhaben über das Kissen oder Bettchen des Kindchens haltend, auf das Bettchen Deinen Händen entgleiten lässt, sanft, doch so, dass der Körper wirklich es in schwacher Erschütterung fühle. Oder das Kindchen liegt schon auf dem Kissen oder der dicken Steppdecke vor Dir; Du erfasst seine beiden Händchen oder Ärmchen und erhebst sanft des Kindes Oberkörper so, dass es selbst in sitzender Stellung bleibt. Nun lässt Du Händchen und Arme des Kindes Deinen Händen wieder sanft entgleiten und es abermals auf sein Bettchen niederfallen, doch so, dass es davon wirklich eine gelinde Erschütterung empfinde.

Wie nun dies Entgleiten unter Deinem Schutz und Deiner Liebe wohl dem Kinde Stärkung, steigendes Kraftgefühl schafft, so hast Du, sorgsame Mutter! in Deinem späteren Leben, Umgebung genug, um Deinem heraufwachsenden Kinde fühl- und wahrnehmbar zu machen: dass Gleiten, ohne solches Auge, leicht zum Falle führe. Dort gleitet das Kind auf dem Schlitten der Schneebahn hinab, das Auge, die Kraft den Schlitten zu leiten, mangelt noch und siehe! es fällt; Glück genug, nur wenig weh tut ihm noch sein Bein: - „stärke Dein Auge, stärke Deine Kraft, dass Du künftig das Fallen meidest."

Dort gleitet der Knabe auf der Eisbahn: unachtsam schaut er umher, unachtsam lässt er die Füße, die Beine gehen, wohin sie wollen; er fällt und günstig genug, nur die Hand wird ein wenig geschunden: - „sammle Dein Auge, Deinen Blick, regiere Deine Füße, Deine Beine, dass Du nicht wieder fällst," – sagt ihm sein Schmerz. Aber ach! dort ist dem Mädchen der glatte Teller, dort dem Knaben das spiegelhelle Glas entglitten, sie trugen doch beides so sorglich und wandten von beiden kein Auge. Die Kraft ihrer Händchen, ihrer Finger gebrauchten sie nicht:

„Sorgsamkeit und echte Furcht, von Schwäche und Kraftlosigkeit begleitet, kann nicht minder zum Falle führen. – Stelle dies Bildchen, Mutter! die Du die Sache für Dein Kind bedarfst, aus dem Leben zusammen und Du wirst das Bildchen hier nicht vermissen, dagegen die Lebensfrucht dieses Spielchens Deinem Kindchen sichern."

Das Turmhähnchen.

„Soll Dein Kind das Tun von
etwas Anderm fassen,
Musst Du es ein Gleiches selbst
ausführen lassen.
Darin ist es tief gegründet,
Dass Dein Kind
Gern, geschwind
Nachahmt, was es um sich findet."

Wie das Hähnchen auf dem Turme
Sich kann dreh'n
im Wind und Sturme,
Kann mein Kind
sein Händchen wenden,
So sich neue Freuden spenden.

Das Turmhähnchen
Ein Handgelenk und Ellenbogenbewegungen übendes Spiel.

Erklärung der Randzeichnung.

Das Vorderärmchen des Kindchens steht so viel als möglich senkrecht, das Händchen desselben ist in gleicher Richtung ausgebreitet, sodass die vier Finger gleichsam den Schwanz, die flache Hand den Körper und das Däumchen den Hals und Kopf des Hähnchens bilden. In dieser Lage lässt Du Deines Kindchens Hand bald hin, bald her bewegen.

„Dies Spielchen ist doch auch gar zu einfach!" – Und doch macht's Deinem Kindchen Freude, immer von neuem macht's ihm Freude und hört langhin nicht auf, ihm Freude zu machen. Noch nicht einmal sprechen kann Dein Kindchen und sieh nur, nicht allein mit welcher Lust, nein! auch mit welchem Ernst es sein kleines Händchen bewegt, wenn Du auffordernd zu ihm sagst: „zeig, wie macht's das Turmhähnchen" (an manchen Orten Turmfähnchen) oder „zeig das Turmhähnchen."

Worin mag nun alles dies seinen Grund haben? Hast Du noch nicht bemerkt, wenn Du vor Deinem Kinde einen Gegenstand bewegst, sodass der bewegende Grund von dem Gegenstand etwas entfernt ist, dass dann das Aufsuchen der bewegenden Ursache dem Kinde mehr Freude macht, als das Anschauen der Bewegung des Gegenstandes selbst? Dasselbe ist hier, das Fühlen und Beherrschen des Grundes einer Folge, der Ursache einer Wirkung; - das ist es, was Dein Kind wie mit Freude, so mit Ernst erfüllt. Sieh, und schon tatsächlich stellt es gleichsam die Wahrnehmung dar: dem bewegten Gegenstande liegt eine bewegende Ursache, eine bewegende Kraft zum Grunde und bald kommt es zum Schluss: dem lebenden, lebendigen Gegenstande liegt eine lebende, lebendige, belebende Kraft zum Grunde.

An einem etwas windigen, fast stürmischen Tage begleiten Dich Deine lieben Kinder auf den Trockenplatz vor Deinem Wohnorte; denn wohin begleiten die Kinder nicht gern ihre, der Tätigkeit stets hingegebene Mutter?

Horch! wie knarrt das Hähnchen auf dem Turme, der Wind bewegt's hin und her; hier kommt auch eine Henne, begleitet von ihrem stolzen Hahne, aber so schnell wie das Turmhähnchen können sie sich nicht des Windes Wellen fügen, und so dreht wenigstens der Wind ihre Schwänze bald hin und bald her. Aber höre, wie der Wind in der Wäsche plattert, laut plaudernd scheint sie sich vom starken Winde zu erzählen; wie freut dies Plattern und Plaudern das Kind! Flugs hat der Knabe das Handtuch, welches er eben beim Bade, woran ihn aber der Wind verhinderte, gebrauchen wollte, an einen Stock gebunden und hoch weht und plaudert es in der Luft; des Mädchens

Taschentuch und ausgebreiteter Arm muss ihr gleiche Freude bereiten. Mehr Freiheit als das Mädchen ihrem Taschentuche und der eine Knabe seinem Handtuche, gibt ein zweiter seinem Drachen; hoch muss er ihm aber auch dafür in die Höhe steigen und größere Lust ihm bringen. „Klapp, klapp, klapp," geht's dort, was ist's denn? der Wind treibt die Windmühlenflügel rasch herum, dass schnell der Trilling sein klapp, klapp schlägt; was täten aber die Großen, welches die Kleinen nicht gleich nachmachten! (darum sei sorglich in dem, was Du Erwachsener im Angesicht und vor den Augen der Kleinen tust). Sieh, hier kommt schon ein Knabe mit seiner papiernen Windmühle daher, schau wie sie sich umso schneller dreht, als schnell der Knabe läuft. Dort kann die Mutter ihr Töchterchen kaum vor der Gewalt des Sturmes bewahren, und der Mann muss sich recht im Gleichgewichte halten, dass er durch ihn nicht strauchle.

„Mutter es ist aber auch heut ein starker Wind, der alles und alles beugt; sieh nur, wie dort der Schwester Haare flattern wie Deine Wäsche; woher kommt nur der Wind, der alles so bewegt?" – Ja, mein Kind, wenn ich es Dir auch nach meiner Einsicht sagen wollte, so würdest Du es doch nicht verstehen; es würde Dir, wie eine fremde Sprache klingen, wenn ich Dir sagte: der Druck der Luft, oder veränderte Luftdichtigkeit, oder eine Veränderung in dem Wärmezustande der Luft hat es hervorgebracht; Du würdest von alle dem kein Wort verstehen. Aber das verstehst Du vielleicht schon: „eine einige große Kraft, und sei es auch nur Wind, kann vieles bewirken, Kleines und Großes, wenn Du sie auch nicht sehen kannst. So gibt es viele Dinge, mein Kind, die wir zwar wahrnehmen, aber nicht sehen; wohl wahrnehmen und sehen, allein die ich Dir noch nicht mit Worten erklären, deutlich machen kann. Sieh Deine Hand bewegt sich, die Kraft aber, die es tut, kannst Du doch nicht sehen. Beachte und pflege darum nur die Kraft, wo Du sie jetzt findest, später wirst Du auch immer mehr einsehen, woher sie kommt, auch wenn Du sie nicht siehst."

3.

Das Thurmhähnchen

M.M. ♩. = 69.

4.

'S ist all'=all'

M.M. ♪ = 132.

'S ist all – all.

„Wie mag das Kind sich doch das All – all deuten?
Sinn muss drin sein,
sonst ließ sich 's nicht bescheiden.
Was jetzt es sah,
Ist nicht mehr da;
Was oben war, ist unten;
Was da jetzt war, geschwunden;
Wo ist 's denn hingekommen?
Ein Jemand hat 's genommen.
Sieh, Eines ist in beiden,
Drum lasst sich's Kind bescheiden."

All – all! mein Kind, all – all!
Das Süppchen ist nun all.
Ei! wo ist's denn hingekommen? –
Mündchen hat's zu sich genommen,
Züng'chen hat's zurück gedruckt,
Kehlchen hat's hinabgeschluckt,
Mäglein hat es schön verdaut,
Noch vom Zähnlein nicht gekaut.
Drum ist mein Kind auch wohlgemut,
Und weiß und rot, wie Milch und Blut!

All' all', mein Kind, all' all'

Ein Handgelenk - Übungsspiel.

Erklärung der Randzeichnung.

Die wendende Bewegung der Hand, bald mehr waagrecht, bald mehr senkrecht, als eine verneinende Bewegung und eine solche, die dahin deutet, dass von einer gewissen Sache nichts mehr vorhanden oder eine gewisse Person nicht mehr gegenwärtig ist, ist allgemein bekannt. Dies Spielchen wie es zwar in seiner Bewegung gleichfalls das Handgelenk des Kindes nur in einer andern Armlage ausbildet, ist mit seinen sich hier daran anschließenden Darstellungen und Betrachtungen ganz entgegengesetzt zum vorigen: dort war ein weit verbreitet Gegenwärtiges, hier ist ein Mangel; wie dort ein Ausdauerndes, so hier ein allgemeines Aufhören; wie dort lebendiges Hinweisen auf die Gegenwart, so hier allgemeiner Ausdruck des Dagewesenseins, der Vergangenheit, durchweg Hinweisen auf ein Früher oder Vorhin im Vergleich mit einem Jetzt; überall war etwas da, was jetzt nicht mehr ist: das Süppchen ist all' - der Teller ist leer – das Licht abgebrannt – kein Salz ist mehr da.

Selbst der Hund Munter, welcher den Vater mit aufs Feld begleitete, hat seine Speise verzehrt; noch scheint er Hunger zu haben, aber: - es gibt nichts mehr. Der Knabe hat Durst: „bitte, Schwester, gib mir etwas Wasser!" – „ 'S ist nichts mehr da " sagt sie, ihm das leere Glas umgekehrt vorhaltend, sich selbst zu überzeugen. Durch diese ihm so unerwartete und unerfreuliche Nachricht wendet er seine Aufmerksamkeit von dem hinter sich gelegten Butterbrote. Die schlaue Katze scheint dies bemerkt zu haben, leis schleicht sie sich hinzu und zieht, um es zu verzehren, das Butterbrot hinweg. Wird nun bald der Knabe, nach demselben verlangend, sich umkehren, so heißt's auch für ihn: „'S ist nichts mehr da!"

Aber das Mädchen dort dauert mich, sie meinte es so gut, wollte ihrem Singvögelein Futter geben, hatte aber das Türchen unachtsamer Weise aufgelassen, weil sie hernieder auf das leere Glas der Schwester sah. „Wo ist denn Dein Singvögelein, mein Kind?" „Ach, es ist nicht mehr da! 's ist fortgeflogen!" „Komm mit mir, Schwesterchen, tröstet der Bruder! draußen auf einem alten Baume, da weiß ich ein Nestchen mit vielen Vögelchen, das will ich Dir holen, da hast Du dann für eins viele. Komm nur, komm!" Sieh, hier stehn sie, voll solcher Erwartung, dass der noch hungrige, den Kindern gefolgte Hund dem Knaben das Brot unbemerkt aus der Hand frisst, dass, wenn er sich umdreht, es auch heißt: „'S ist nichts mehr da!"

Der Bruder ist nun schon auf dem Baume: „Aber – was seh' ich? – 's ist nichts mehr da! Alles ist ausgeflogen." „Eines aber von den Vögelchen soll mir doch werden," sagt der andere Bruder. „Sieh da, gefangen ist 's und unter den Hut gesteckt, das soll einmal eine Freude werden, wenn ich 's nachher der Schwester gebe; solch eine Freude, wie ich über euch, ihr schönen Himbeeren habe, die ich hier finde, ihr sollt mir schmecken, gedulde Dich nur, lieb Vögelein einstweilen in Deiner Dunkelheit." Doch der Schleich – oder Streifwind kommt, kehrt den Hut um, das Vöglein sucht das Freie und der Knabe, wenn er kommt: „ach, das Vöglein ist nicht mehr da!"

„Mutter! das Bild mag ich nicht mehr sehen, darauf ist immer alles all ' und keines behält, was er hat und möchte." „Sieh mein Kind, wenn man etwas behalten will, muss man, wo es angehet, sparsam, achtsam sein, muss man sich nicht von der Begierde verleiten lassen; wo man es zu gewisser Zeit haben will, muss man zu rechter Zeit vorsorgend sein; durch die fehlgeschlagene Hoffnung, seinen Durst zu löschen, vergaß der Knabe sein Brot; - durch Unachtsamkeit entfloh dem Mädchen der Singvogel; - die Vöglein aus dem Nest zu holen und in den Käfig zu stecken, hatte der Knabe kein Recht, ihre Kraft und ihr Mut sicherten ihnen ihre Freiheit – dem, der Erwartung hingegebenen Knaben fraß der Hund das Brot – und den Lockungen des Himbeerstrauches nicht widerstehen könnend, kam der Knabe um die Freude, welche er seiner Schwester zu bereiten gedachte." „Mutter! lass mich die fortflatternden Vögelchen noch einmal betrachten."

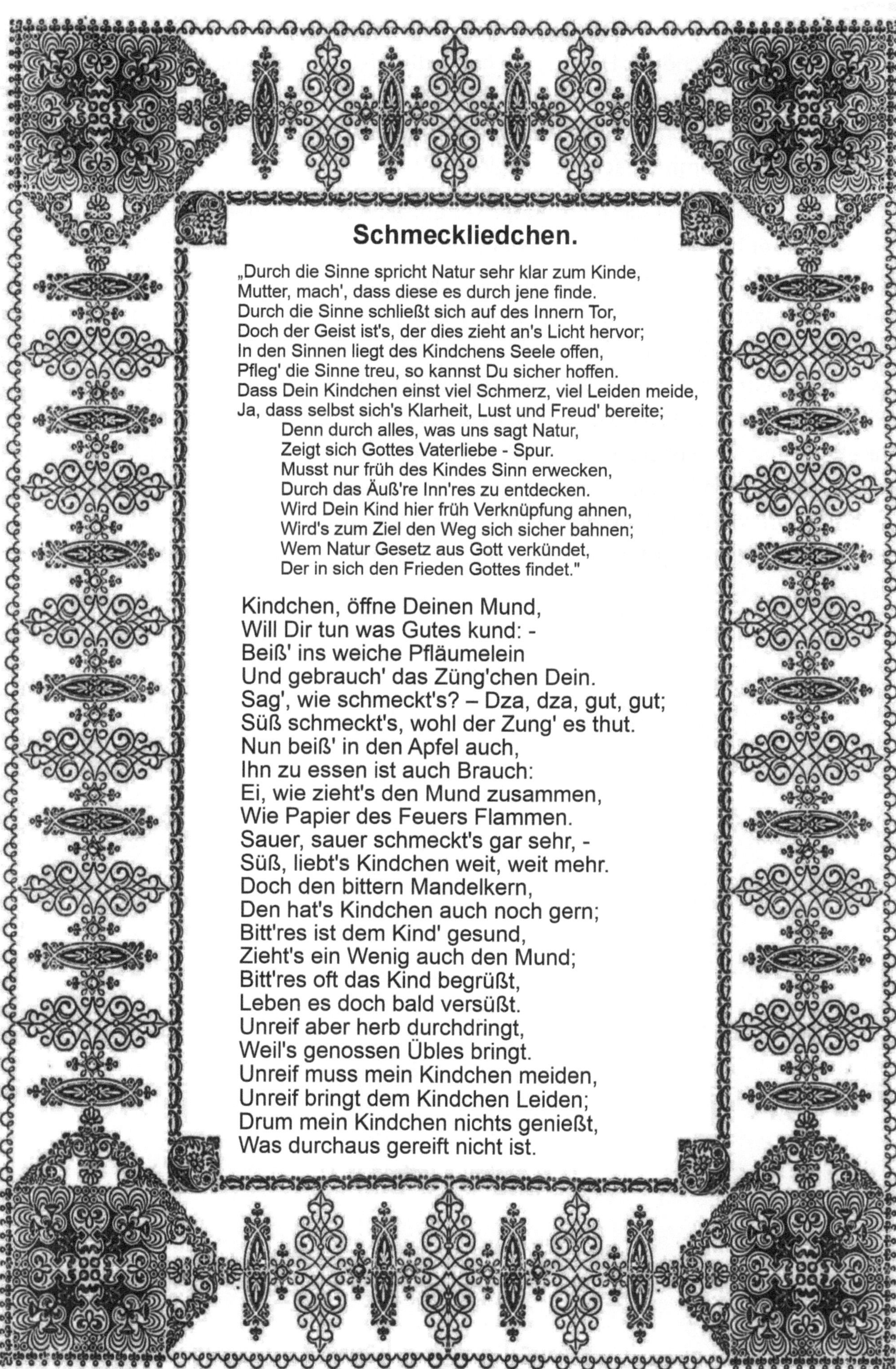

Schmeckliedchen.

„Durch die Sinne spricht Natur sehr klar zum Kinde,
Mutter, mach', dass diese es durch jene finde.
Durch die Sinne schließt sich auf des Innern Tor,
Doch der Geist ist's, der dies zieht an's Licht hervor;
In den Sinnen liegt des Kindchens Seele offen,
Pfleg' die Sinne treu, so kannst Du sicher hoffen.
Dass Dein Kindchen einst viel Schmerz, viel Leiden meide,
Ja, dass selbst sich's Klarheit, Lust und Freud' bereite;
    Denn durch alles, was uns sagt Natur,
    Zeigt sich Gottes Vaterliebe - Spur.
    Musst nur früh des Kindes Sinn erwecken,
    Durch das Äuß're Inn'res zu entdecken.
    Wird Dein Kind hier früh Verknüpfung ahnen,
    Wird's zum Ziel den Weg sich sicher bahnen;
    Wem Natur Gesetz aus Gott verkündet,
    Der in sich den Frieden Gottes findet."

Kindchen, öffne Deinen Mund,
Will Dir tun was Gutes kund: -
Beiß' ins weiche Pfläumelein
Und gebrauch' das Züng'chen Dein.
Sag', wie schmeckt's? – Dza, dza, gut, gut;
Süß schmeckt's, wohl der Zung' es thut.
Nun beiß' in den Apfel auch,
Ihn zu essen ist auch Brauch:
Ei, wie zieht's den Mund zusammen,
Wie Papier des Feuers Flammen.
Sauer, sauer schmeckt's gar sehr, -
Süß, liebt's Kindchen weit, weit mehr.
Doch den bittern Mandelkern,
Den hat's Kindchen auch noch gern;
Bitt'res ist dem Kind' gesund,
Zieht's ein Wenig auch den Mund;
Bitt'res oft das Kind begrüßt,
Leben es doch bald versüßt.
Unreif aber herb durchdringt,
Weil's genossen Übles bringt.
Unreif muss mein Kindchen meiden,
Unreif bringt dem Kindchen Leiden;
Drum mein Kindchen nichts genießt,
Was durchaus gereift nicht ist.

Schmeckliedchen

Auch mit diesem Liedchen und Spielchen ist es ergangen wie mit dem „Bautz - fall' - nieder," weshalb es auch wie jenes ohne Randzeichnung geblieben, die jedoch hier fast noch leichter als dort zu entbehren ist, indem der Gegenstand selbst dem Leben so nahe liegt.

Wer weiß und freut sich nicht, dass Du, liebende Mutter, mit Deinem Kindchen alles als Spiel betreibest und das ihm Lebenswichtigste in liebliches Spiel einkleidest? – selbst wenn Du neckend und spielend es aufforderst: „lass' mich 'mal abbeißen!" oder „beiß' ins Birnchen." – „Ei wie so süß, so süß es schmeckt!"

> Komm, Kindchen, nimm das Beerchen hell,
> Das Beerchen vom Johannisstrauch.
> Wie rümpft mein Kind den Mund so schnell,
> Doch nimmt es bald das zweite auch;
> Das Saftige gar sehr erfrischt,
> Obgleich zum Süß sich Sauer mischt.

So suchst Du, Mutter, jeden Sinn, vor allem aber den Sinn des Geschmackes, tändelnd, scherzend zu pflegen, zu entwickeln, auszubilden. Was ist aber auch für Dein Kind, Mutter, wichtiger als die Ausbildung der Sinne, und besonders die Ausbildung des Geschmackssinnes und namentlich auch in übergetragener sittlicher Bedeutung; wer mag gern „gemeinen und niederen Geschmack" teilen und wer freut sich nicht, wenn von ihm zurecht gesagt werden kann: „er hat feinen, edlen, einen guten Geschmack?"

Was ist es denn nun, warum man an den Menschen besonders die Ausbildung seines Geschmackes rühmt? – Weil durch den Geschmack das Innere, gleichsam das Wesen, die Seele, der Geist des Dinges, das Belebende, wie das Vernichtende desselben sich kund tut, offenbart. Denn das ist ja eben das Geschäft und die hohe Bedeutung der Sinne, dass durch sie das Wesen der Dinge, ihr Inneres dem Innern kund und offenbar wird, ohne dass es, selbst beim Geschmackssinn, nötig ist, das Äußere, den Stoff selbst in sich aufzunehmen. Es ist eine höchst merkwürdige Eigenschaft der Sinne, dass durch sie dem, der sie an sich ausgebildet hat und dann ihren Weisungen folgsam nachgeht, das Innere, das Wesen der Dinge sich schon vorher kund tut, ehe dasselbe noch durch den Genuss der Dinge selbst nachteilig und Gesundheit gefährdend auf den Menschen einwirken kann oder ehe er durch den Genuss die Sache selbst zu vernichten braucht, wie es die gleichwichtige entsprechende Eigenschaft der Dinge selbst ist, dass sie sehr häufig ihr inneres Wesen äußerlich ausgeprägt darlegen und besonders eben dann, wenn ihr Genuss nachteilig auf die Gesundheit wirkt.

So ist bekannt, wie wenigstens die meisten und schädlichsten der Giftpflanzen getrübtes, trauriges, oft mehr zusammengezogenes, gleichsam wirres Ansehen haben; selbst die Tollkirsche, so schön rund und glänzend sie ist und der Kellerhals in seinen pfirsichroten Blüten teilt diese Eigenschaft, wie im höheren Grade noch der Stechapfel und das schwarze Bilsenkraut; wo es aber die Gestalt noch verbirgt, da zeigt es bestimmter noch der Geruch in dem Ekeln seines Eindruckes und der Geschmack selbst da, wo das zu Genießende an sich gesund ist und nur erst da ungesund wird, wo Übermaß des Genossenen mindestens Unwohlsein mit sich führt, wo dann sogleich Ekel und Überdruss eintritt, z.B. selbst beim Honig.

Wenn nun schon die Ausbildung der Sinne, sei es der Gesichtssinn wie besonders der des Geruchs und Geschmacks, zur Vermeidung vieles Nachteiligen und Ungesunden wichtig ist, so ist diese Ausbildung doch vor allem zur Entwicklung und Erhebung des Gemütes und Geistes selbst, zur Weckung des Willens für Tatkraft wichtig; denn in der ganzen Natur tut sich ja eben das Wesen der Dinge nur durch Zusammenhalt, Stoff, Geruch und Geschmack, wie durch Form und Gestalt, Größe und Zahl, Ton und Farbe, und der unendlichen Wechselverhältnisse und Beziehungen dieser zu einander kund.

Die richtige und kräftige wie frühe und sorgliche Ausbildung der sämtlichen Sinne ist daher für des Menschen früheres, sein Kindes-, wie für dessen späteres Alter, über alles wichtig, besonders aber dann, wenn sie nicht, wie bei dem Wilden, auf den leiblichen und physischen ruhen bleibt, sondern wenn sie allen Ernstes benutzt wird dadurch eben, das darin offen vorliegende Innerste und Wesen der Dinge selbst zu erforschen und zu erkennen, welches aber eben nur einzig durch Beachtung, Verknüpfen und Vergleichung ihrer Wirkungen möglich ist. Denn, wie jener Weise vom Menschen sagte: - „sprich! und ich sage Dir, wer Du bist;" so kann man die Dinge und das Wesen derselben nur durch ihre, den Sinnen vorliegenden Eigenschaften erkennen. Und dies macht nun eben den Menschen von wahrhaft gutem und wirklich feinem Geschmacke, wenn er diese Sprache der Dinge nicht nur versteht und er, durch sie bestimmt, sie selbst und ihr Wesen, den Geist derselben, entweder von sich entfernt, oder auf sich einwirken, in beiden Fällen also sich zur Tat bestimmen lässt. Denn da in den Sinnen gleichsam die Seele, ja die Geistestätigkeit des Menschen, und schon im Kinde offen vorliegt; so sind die Sinne wieder gleichsam die Führer zur Erkenntnis des Geistigsten selbst, vor allem der Geschmacksinn in leiblicher wie in geistiger Beziehung. Bilde darum, Mutter, Deines Kindes Geschmackssinn.

Doch keineswegs ist die Ausbildung der Sinne – wie auch das Schmeckliedchen in Einigung mit dem Motto dazu, sich anzudeuten bemühet – bloß für die Erkennung der Sache des Klassenunterschiedes der Dinge, ihres Verhältnisses und ihrer Einwirkung untereinander und besonders auf den Menschen wichtig; sondern die Ausbildung der Sinne ist auch in einer andern Beziehung nicht nur gleich wichtig, vielmehr noch weit wichtiger; es ist dies in Hinsicht des Grades und der Stufe der physischen Ausbildung, in Beziehung auf den erlangten Reifegrad jedes Dinges, und zwar dies besonders auch angewandt auf das menschliche Leben und die menschlichen Verhältnisse und Erscheinungen. Ein klarer, offener, fester Blick in dieselben zeigt uns nämlich als den letzten und gewissen Grund einer Menge menschlicher Übel, des Einzelnen wie größerer und kleinerer Gesamtheiten, so vor allem auch des Familien- und bürgerlichen, wie selbst des Geschäfts- und Gewerbslebens: unstatthaftes Gebrauchen oder unstatthaftes Eingreifen in das Leben der Dinge, vor erlangter Lebensreife für jede Stufe der menschlichen Wirksamkeit.

Ja, so ist es, teure, für das Wohl Deiner Kinder innig besorgte Mutter! eine Anzahl der verheerenden Übel des Einzelnen wie der Familie, der bürgerlichen Gesellschaft wie des Geschäfts- und Gewerbslebens haben darin ihren gewissen Grund, dass in die Gegenstände vor ihrer erlangten Lebensreife störend und bestimmend eingegriffen wurde, so wie, dass unreifen Gegenständen bestimmende Einwirkungen auf andere gestattet werden.

Willst Du darum, Mutter, das künftige Wohl der Deinen, jedes Einzelnen derselben, wie deren einstiger Familien sichern, mache Deine Kinder mit ihrer beginnenden freien Selbsttätigkeit und der Aneignung namentlich der Naturerzeugnisse, nicht nur auf die bestimmten Entwicklungsstufen vom Unreifen bis zum Reifen, sondern vor allem auf das Naturwidrige des Gebrauches, alles Unreifen in allen Beziehungen und Lebensverhältnissen und dessen oft vernichtender Rückwirkung auf das Leben, auf das Leibliche, wie aber auch nicht minder auf das geistige und gesellige Leben aufmerksam, und Du wirst schon in der Wirksamkeit als Mutter eine der größten Wohltäterinnen des Menschengeschlechtes werden.

5.

Dza, dza! Schmeckliedchen

6.

Tick, tack

M.M. ♩ = 92.

Tick, Tack!

„Jedes Ding alsdann nur wohlgedeiht,
Hält in Allem es die richt'ge Zeit;
Darum, soll Dein Kindchen gut gedeihn,
Muss von Ordnung es umgeben sein.
Wem die Ordnung wollt' verdrießen gar,
Der wird vieler Freuden werden bar;
Leite darum früh Dein Kind zur Ordnung hin,
Ordnung ist gewiss dem Kinde Hochgewinn."

Sehet nur, sehet nur!
Wie der Pendel an der Uhr,
Geht das Ärmchen hin und her,
Doch nicht kreuz und doch nicht quer;
Denn es gehet Schlag bei Schlag,
Immer tick und immer tack.
Tick, tack; tick, tack. –
Uhr mach' mir nur ja kein Leid,
Zeig' mir immer richt'ge Zeit:
Zum Essen, zum Schlafen, zum Zeitvertreib,
Zum Waschen und Baden den ganzen Leib;
Denn mein Herzchen will stets rein,
Will gesund und tätig sein.
Ärmchen geh' drum Schlag bei Schlag,
Immer tick und immer tack.
Tick, tack; tack.

Tick, tack!

Ein Armbewegungs- und Armbildungsspiel.

Erklärung der Randzeichnung.

Die Ausführung ist leicht. Dein Kindchen, pflegende Mutter! steht entweder, wie die Zeichnung zeigt, auf einem Tische oder es sitzt auch wohl auf Deinem Schoße so, dass ein Ärmchen desselben frei ist und Du dasselbe pendelartig herabhängend bewegen kannst. Dass die Übung nicht ausschließend an einen Arm, weder an den rechten noch an den linken, gebunden ist, versteht sich von selbst und bedarf wohl kaum der Erwähnung. Aber gesagt sei doch, dass Du zur allseitigen Ausbildung Deines Kindes dieses Spiel auch mit den Beinen und abwechselnd, bald mit dem rechten bald mit dem linken machen kannst, es wird dies alles viel zu gesunder, wie schöner, anmutiger und gewandter Ausbildung Deines Kindes beitragen. Sollen wir uns, sinnige Mutter, auch noch gemeinsam etwas über die Zeichnung aussprechen? – Doch Du weißt ja dies alles besser, als ich; Dein sinniges Muttertun beachtend, habe ich es ja selbst erst von Dir gelernt.

Du hast ganz Recht, teure Mutter! es ist gewiss sehr beachtenswert, dass alles, was Uhr heißt (die Schweizer sagen auch hier, wie in gar vielen andern Dingen, sehr bezeichnend Zitt oder Zeit), die Kinder so sehr anzieht. Ich kann mich darum, gewiss zum Wohle der Kinder, nicht von der Überzeugung trennen, dass sich darin, wie in manchem Anderen, eine höhere und innere Beziehung – ein gewisses Ahnungs- und Verwandtschaftsverhältnis in Rücksicht auf den Geist – ausspricht. Es ist gewiss, der immer gleiche Ausdruck des Bewegungsgesetzes (der Rhythmus) des Pendelschlages hat etwas sehr anziehendes, und Du wirst Dich, wohl unterrichtete Mutter, aus Deinen Schuljahren noch erinnern, dass die Art, die Geschwindigkeit des Pendelschlages uns über wichtige Dinge, über Ort und Gestalt auf unserm Erdball belehrt; so, dass es nun scheinen muss, als läge schon von dieser Seite die Ahnung einer höheren Bedeutung in des Kindes Anziehung zur Uhr und Pendelschlag.

Doch lassen wir das: die Bewegung, das Räderwerk, das scheinbare Leben in der Uhr, der Mechanismus, besonders die Verborgenheit, gleichsam das Geheimnis derselben, sagst Du, ziehe Dein Kind an. Es mag zu Zeiten sein, ich will es zugeben; allein durchweg ist es gewiss nicht; denn warum bauten sonst die Kinder, wie ich viel bemerkt habe, gern Sonnenuhren, worin sich keine andere Bewegung ausspricht als die, fast unbemerkliche, der Schattenfortrückung. Lass mir einstweilen die Meinung, den Glauben, die Überzeugung, wie Du es immer nennen willst, ganz gleich, dass der Kindeslust am Spielen und Darstellen der Uhr eine in ihm tief schlummernde Ahnung von der Wichtigkeit der Zeit zum Grunde liege. Diese meine Meinung schadet als Meinung weder dem Kinde, noch irgend Jemand, allein sie nützt in ihrer Anwendung dem Kinde und Jedermann. Denn wer kennt nicht die Wichtigkeit der Zeitbenutzung für alle Lebensverhältnisse! Kaum weiß ich etwas, was für den Menschen von seiner frühesten Erscheinung auf der Erde wichtiger ist, als das Halten und Erfassen der richtigen Zeit. Hängt nicht davon nur zu oft das Leben des Kindes in seinen ersten Lebensaugenblicken ab? Darum ist es höchst wesentlich die Neigung, den Trieb, ich möchte fast sagen, das Angezogenwerden des Kindes von der Uhr für dasselbe dazu zu benutzen, um es für die rechte Beachtung, richtige Erfassung, den besten Gebrauch der Zeit zu erziehen. Wir, achtsame Mutter! wollen gleich unsere kleinen Gliederspielchen dazu benutzen, unser liebes Kind für Achtsamkeit auf die Zeit zu entwickeln, damit es Dich später verstehe, wenn es Dich bittet: „Zeig mir dies Bildchen" und Du ihm sagst:

„Sieh mal das Kätzchen da, was es macht,
Es macht sich rein und glatt;
Dass man d'ran seine Freude hat."

es weiß gewiss, dass nun bald die Zeit zum Besuch lieber Gäste kommt.

„Komm auch Du, mein lieb Kind, dass Du rein und blank werdest," sagt die Mutter zu ihm; „denn jetzt kommen bald ein paar liebe Gäste zum Kinde. Des Vaters liebe Augen, die sind so klar, die müssen auch Dich mein Kind klar finden, dann kommen auch die schönen Blümchen und die reinen Täubchen:"

Solch' lieber Besuch sich um 's Kindchen will einen,
Drum muss es durchhin auch ganz rein dann erscheinen.

Aber das liebe Kind hat immer Besuch, bald kommt der klare Strahl der Sonne, bald die lichten Sterne und der helle Mond, alle wollen das Kindchen sehen und mit ihm kosen.

Sie alle wollen zum Kinde kommen,
Weil seine Klarheit sie haben vernommen;
Sonst würden die Klaren das Kindchen ja meiden,
Und Du Dir, wie ihnen, nur Schmerzen bereiten.
Drum wo auch immer, mein Kind, Du bist,
Werd' Reinheit nimmer an Dir vermisst.

Da spielen eben 5 Kinderchen Uhrens[1]. Diese 5 Kinderchen sind gewiss 5 Fingerchen, die gern recht genau die Zeit kennen lernen wollen, damit sie alles hübsch zur rechten Zeit tun. „Kommt her, ihr fünf Fingerchen meines Kindes, und lernt etwas von den fünf Kinderchen."

---

[1] Es ist dem Kinderleben eigen, die Tätigkeit so innig mit dem Gegenstande zu verknüpfen, dass sie oft aus dem Gegenstandsworte, verbunden mit dem Zeichen der Tätigkeit(en) an sich, unmittelbar das Tätigkeit(Zeit)wort bilden. Man lasse dies, sie werden dadurch später leicht das Eigentümliche anderer Mundarten verstehen, so sagt man in einem Theil der Schweiz anstatt, „wie viel Uhr ist es?" kurz weg: „was uhrets?" – So sagte ein Kind anstatt: „ich will im Fuhrweg spielen" kurz weg: „ich will fuhrwegen."

Grasmähen.

"Was immer mit dem Kinde Du auch treibest,
Mach', dass in Lebensein'gung Du verbleibest,
Treib' mit dem Kinde nichts beziehungslos, Sonst
wird es dadurch leicht erziehungslos.
Wie dieses eigentlich ist zu verstehen,
Magst Du jetzt gleich am Spiel der Arme sehen,
Wenn sie spielen: Gras zu mähen."

Peter! gehe auf die Wiese,
Mähe schnell das Gras, das süße;
Bringe heim das gute Futter,
Für die Küh' zu Milch und Butter.
Lenchen! milch die Küh' alsbalde,
Bring' die Milch ohn' Aufenthalte;
Kuh muss ja die Milch uns reichen
Zu dem guten Semmelbreichen,
Dass das Kindchen sich recht labe
An so vieler will'gen Gabe. -
Peter! gehe auf die Wiese,
Mähe schnell das Gras, das süße.
Danke Dir dann für Dein Mähen,
Und der Kuh für 's Milchhergeben;
Dann der Lenchen für das Milchen,
Auch dem Bäcker für's Semmelchen,
Und der Mutter für den Brei,
Dass kein Dank vergessen sei.

Grasmähen.

Ein Armspiel.

Erklärung der Randzeichnung.

Die beiden Händchen Deines Kindes ruhen, die Vorderarme waagrecht und ein wenig nach vorn gestreckt, mit gebogenen Fingern, die äußere Seite nach oben gekehrt, in Deinen ebenso gehaltenen und gekrümmten Händen, deren äußere Seite aber nach unten gewandt ist, beide Arme gleichlaufend; es zeigt sich so eine, dem Grasmähen ähnliche Bewegung, welche besonders die Oberarmgelenke und die gerade Stellung des Kindes ausbildet.

Nichts, für das Wohl, das innere Heil Deiner Kinder, besorgte Mutter, ist für dieselben nachteiliger, ist vor allen für die Bildung ihres Herzens und die Pflege ihres Gemüts nachteiliger, als die Gegenstände, welche äußerlich oft so getrennt und abgegrenzt dastehen, auch im Innern in dieser Losgerissenheit aus dem ganzen Lebensverbande zu betrachten. Möchtest Du, sorgsame Mutter, frühe Dein Kind davor bewahren! Möchte dies durch Kinderspielchen angelehrt werden, wie das vorliegende: „Mutter, mich hungert!" – „Gehe hin zur Köchin und lasse Dir Brot geben;" oder „Da hast Du einen Kreuzer, geh und kaufe Dir ein Brötchen," – so müssen wir wohl im Leben oft auch schon zum Kinde sagen. Allein wir sollen es wenigstens nicht immer, wir sollen ihm frühe, und so oft es nur möglich ist, die Reihe der Bedingungen und Verhältnisse anschaubar machen, welche alle zu durchlaufen und zu erfüllen sind, ehe man kurzweg sagen kann: „Gehe hin und lasse Dir von diesem oder jenem Brot oder sonst etwas geben."

Eine sinnige Auswahl, Folge und Zusammenstellung von schönen Bildern aus dem Land- und Gartenleben, aus dem Gewerbs- und Geschäftsleben und daran angeknüpfte ganz einfache, das Leben der Wirklichkeit kurz zeichnende Erzählungen bewirken dies; wie Du, Mutter, gewiss schon mit versucht hast, und was wir, wenn Du es mir später noch erlaubst, beim Durchschauen einer Auswahl von Bildern auch miteinander ausführen wollen.

Jetzt wird es Dir leicht werden, an der Hand der Zeichnung und geleitet vom Liede, Dein über das Bild Belehrung suchendes Kind dahin zu führen, dass das Kind für sein Semmelbreichen nicht allein seiner Mutter, dem Peter, der Kuh, dem Lenchen und dem Bäcker, sondern ganz vor allem dem Lebensgeber und Erhalter, so dem Vater alles Seienden danken müsse, durch dessen Bestimmung ja die Erde – mittels Einwirkung von Tau und Regen, Sonnenschein und Nacht, Winter und Sommer – Gras und Kraut hervorbringt zur Nahrung für Vieh und oft erst durch diese für Menschen. Dein Kind wird Dich da gewiss verstehen, wird Dich umso mehr verstehen, als Du es selbst, wenn auch nur nachahmend, wie der Knabe auf dem Bilde, an dem Teil nehmen lässt, was die Großen aus Sorge für Lebenserhaltung tun; wenn Du es besonders später sein eignes Gärtchen bebauen machst, die gewonnenen Früchte selbst ernten und ihm so die Einwirkung von Sonne, Tau und Regen, und die ewigen von Gott in Erde und Natur gelegten Gesetze selbst empfinden lässt; wenn es ihm auch jetzt noch eben so wenig möglich wird, des Lebens Kette vollkommen zu schließen, als es bis jetzt den in beiden Ecken unten sitzenden Kindern gelang, ihre Kette aus der Milch gebenden Kettenblume zu schließen, so wird es doch in sich eben so wenig an dem einstigen Gelingen zweifeln, als der fleißige Knabe und das sinnende Mägdlein zweifeln, dass in ruhiger Fortentwickelung sich einst ihre Lebensketten zu ihrer Freude schön einigen werden.

Aber hütet Euch, sagt der Baum links, an welchem der Knabe sitzt, durch sein Erscheinen zu ihm und so zu allen Erziehenden, hütet Euch, dass Ihr nicht Unedles, Niederes, Falsches und Wahn auf den ursprünglich guten Stamm pfropfet, sonst wächst daraus ein zusammengeschrumpfter Rüstlingsbaum hervor, welcher nur herbe ungenießbare Früchte bringt; hütet Euch, sagt der Baum rechts, an welchem das Mädchen sitzt, durch seine Gestalt zu ihm und so zu allen Erziehenden: hütet Euch, dass Ihr die Spitze und den Gipfel, den Lebenstrieb nicht verletzt oder gar den Gipfel, die Krone aus dem Lebensbaume Eurer Kinder in Unkunde oder Unbesonnenheit brecht, sonst sind Gestrüpp, Holz und Laub, aber nicht Blüten, und noch weniger Früchte Euer Lohn; jetzt wird mir, Mutter, klar, warum die beiden Kinder so in sich gekehrt an beiden Bäumen sitzen. Mögen die gewichtigen Wahrheiten, welche sie ihnen aussprechen, nicht als Selbsterfahrung in ihren Herzen wiederhallen! Mutter, Mutter! mögest Du nie etwas Derartiges für Deine Kinder zu fürchten haben! froher Knabe, der Du so kräftig mähst und rüstiges Mädchen, die Du fröhlich dem Graswagen folgst, bei Euch ist es gewiss nicht der Fall.

7.

Grasmachen

M.M. ♩. = 80.

Hühnchenwinken.

„Was kann lieblicher sein
Als des Kindes kindliches Spiel,
Zu winken mit dem Händchen klein! Es
ist des Lebens lebend'ges Gefühl,
Nicht allein
Im Leben zu sein."

Wink' den Hühnchen, dass sie kommen,
Sag': „Ihr seid mir schön willkommen."

Hühnchenwinken.

Erklärung der Randzeichnung.

Die winkende Hand der Mutter und die, mit sämtlich lieblich gebogenen Fingern, winkende Hand des Kindchens bedarf für die äußere Auffassung dieses Kinderspieles keines weiteren Zusatzes. Die dadurch gewonnene Stärkung und Übung der Fingerbewegung spricht sich von selbst aus.

Aber die Mutter hier hat gewiss gehört, was wir so eben auf Veranlassung der vorhergehenden Zeichnung mit einander sprachen. Seht mir nur das gesunde kräftige Kindchen an, wie es kein Auge von den, ihr frohes Zwiegespräch haltenden Hühnern verwendet. Die Mutter hat es gewiss heraus ins Freie gebracht, dass es sein frisches, reges, inneres Leben im Spiegel des äußern recht klar schaue, so recht kräftig in sich fühle. Mehrere Gruppen von Kindern, zum Teil wohl ihre eigenen, sind der Mutter ins Freie gefolgt; denn wer folgte da nicht gern, wo sich solche Kinderpflege zeigt, und besonders, welche Kinder nicht!

Aber seht mir sie nur auch an, diese Kinder, die Gesundheit, der Frohsinn und die Sinnigkeit wohnt auf den Gesichtern und in der Bewegung aller. Seht die drei Kinder rechts, wo das mittlere kniet; wie anziehend, gleich einem Magnet, wirkt das frische Naturleben, so stark wirkt es auf den kräftigen Knaben, hinter den beiden Mädchen, dass es ihm nicht einmal genug ist, es mit diesen allein zu teilen, nein! er wendet sich um, auch noch die drei andern Kinder, die so froh durch den Baum herüber schauen, herbei zu winken; doch sie scheinen nicht Lust zum Folgen zu haben, der Blick ins Freie, der vor ihnen geöffnet ist, zieht sie zu mächtig an; und hier links, wie kauert sich das Kind nieder, dass ihm auch nicht eine der Lebensäußerungen der Hühnchenfamilie verloren gehe. Kräftig erhebt sich dagegen das Mädchen in seinem schon erwachenden Pflegetrieb, Hühner und Hahn herbei zu winken und zu rufen, dass sie ihre Küchlein nicht verlassen mögen. So sieht jedes im Spiegel der Natur sein eignes, inneres Leben und kräftigt es durch dies Schauen in demselben, wie das Kind sein Leben im Spiegel des Mutterauges erblickt und in diesem Schauen erstarkt, und gewiss! all' diese Kinder werden so froh empor wachsen wie der Hopfen, der sich in des Mädchens Nähe so markig in Frische empor rankt, und im hohen Alter werden sie alle noch so kräftig da stehn wie der Baum, unter dessen Schatten jetzt die Kindlein des Lebens der Natur sich erfreun.

Täubchenwinken.

„Was das Kind erfreuen kann,
Mutter sieht 's am Aug' ihm an;
Was im Kind sich dunkel regt,
Mutter sinnvoll gern es pflegt."

Die Täubchen*) wollen
zum Kindchen kommen;
Wink' ihnen und sag':
Seid schön mir willkommen.
____
*) Vöglein.

Täubchenwinken.

Erklärung der Randzeichnung.

Was das Kind oft auf der Mutter Arm oder Schoße im Freien sah, spielt sie auch zur Freude des Kindes gern im Zimmer sitzend am Tische. Die Finger der Mutter, welche dann trappelnd herbei zum Kinde kommen, sind die im Freien herbei trippelnden Täubchen oder Vögel; treibt der Lebenstrieb des Kindes dasselbe zur Nachahmung der Tätigkeit der Mutter, so tritt Übung der Fingergelenke beim Fortschreiten der Finger ein. Dies über das Äußere dieses Spielchens.

Leben zieht Leben an. Wie auf der vorigen Zeichnung Naturleben das Leben der Kinder anzog, so zieht hier frohes und pflegendes Kinderleben das Naturleben, besonders das Leben der Täubchen oder Vögel an. Sieh, wie traulich die Täubchen alle zu den Kindern kommen, es ist, als verständen sie gegenseitig ihre Sprache; von allen Seiten flattern die Täubchen herbei, es ist, als verständen sie sich alle umso mehr, als des Andern Sprache ihnen unverständlich ist. Und ist es nicht auch, Mutter, zum öfteren so in Deinem gemeinsamen Leben mit Deinen Kindern? folgten nicht Deine Kinder zum öfteren, damals noch mehr Deinen Worten, wo sie dieselben noch nicht verstanden, als jetzt, wo ihnen die Deutung, der Sinn derselben ganz klar ist? – Was ist das? – Warum? – Müssen uns darüber die Tiere belehren? – „Wort und Sache, Sache und Wort, Tat und Wort, und Wort und Tat ist ihnen in ihrer Sprache stets ein Einiges.“

Die Fischlein.

„Wo sich reges Leben zeigt,
Kindleins Aug' dahin sich neigt;
Wo sich 's zeigt im Klaren, Hellen,
Heben 's Herzchen Freudenwellen.
Mutter! wollst ihm diesen Sinn bewahren
Stets zu freuen sich am Frischen, Klaren."

Lustig im klaren Bächlein
Spielen die kleinen Fischlein:
Sie schwimmen darinnen immer herum,
Bald sind sie g'rad,
und bald sind sie krumm.

Fischlein im Bächlein.

Erklärung der Randzeichnung.

Das Kindchen sitzt entweder auf der Mutter Schoße, von ihrem linken Arme sanft umschlungen, oder es sitzt vor derselben auf dem Tische; die Hände der Mutter in waagrechter Lage, sind etwas gleichlaufend, von ihr nach außen hin gekehrt, die Finger bewegen sich voneinander unabhängig, bald gestreckt, bald gekrümmt, in einer das Schwimmen nachahmenden Bewegung. So liegt das Äußere des Spielchens offen vor.

Vöglein und Fischchen, und Fischchen und Vöglein, sie sind es, die des Kindes Herz stets gleich erfreun. Warum? – Sie scheinen sich beide ganz unabhängig, mindestens ganz ungehindert frei in dem sie Umgebenden zu bewegen, und dies hat für das Kind so unnennbaren Wert und Reiz. Klarheit und Freiheit, Reinheit und ungehindertes Sichbewegen, das sind die Grundlagen der Lebenslust, in welcher sich das Kind so wohlig fühlt, in der es kräftig erstarket und sich fröhlich gestaltet. Und doch tut das Kind wieder nichts lieber, als das Vöglein haschen, das Fischlein fangen, ist das nicht Widerspruch? – Sieh, Mutter! so scheint es mir nicht; im Vöglein möchte Dein Kind des Vögleins frohes Fliegen, und im Fischlein dessen lustiges Schwimmen und so beider freies und heiteres Sich-selbst-bewegen, Sich-selbst-bestimmen im Reinen und Klaren sich aneignen. Siehe, das ist's, Mutter, was Deinem Kinde so viele Lust am Haschen und Fangen des Fischleins und Vögleins bewirkt. Doch das Haschen und Fangen von außen hilft nicht, sovielmal es auch schon gelungen ist. Von Innen muss das freie Sein gewonnen werden, von Innen selbst will das Klare, Reine einzig errungen sein, in dem sich zu bewegen, dem Kind so viele Freude macht. Suche, Mutter, dies Deinem Kinde, sei es auch zunächst nur in der schwächsten Ahnung, nahe zu bringen, Du begründest dadurch für immer den inneren Frieden, wie des Lebens wahre Freudigkeit Deiner Kinder. Benutze dazu, Mutter, Deines Kindes frühe Lust am Reinen, Klaren, am freudigen Regen und frohen Bewegen.

„Bruder, fange mir doch auch ein Fischchen, das so lustig im Bächlein schwimmt, bald da ist, bald weg, bald krumm ist, bald grad, das so viel Liebliches in all' seinen Bewegungen hat. Ach könnt' ich doch auch so schwimmen, mich drehen und wenden, mich schmiegen und biegen, so grad hinziehen, so schnell entfliehen, so leicht mich verstecken, wie wollt' ich doch dann Dich, Brüderchen, necken; Bruder, fang' mir ein Fischchen!" – „Da, lieb' Schwesterchen, hast Du eins, halt's aber fest, damit Dir es nicht entschlüpft." – „Aber, Bruder, es regt sich ja gar nicht mehr, nur gerad ist's gestreckt, und noch lebt's doch, es schnappt ja noch. Auf Gras will ich's legen, gewiss wird's da wieder sich lustig bewegen; auch da liegt's gerad, wo es nun wohl sein lust'ges Bewegen hat?"

Weißt Du es denn nicht Schwester?:

> „Nur im Wasser, seiner Welt,
> Es dem Fischlein wohlgefällt;
> Es muss sein am rechten Ort,
> Soll es munter schwimmen fort;
> Recht gebrauchen seine Kraft,
> Dies ihm frohes Leben schafft.
> Und, wie es Gefallen hat,
> Uns dann zeigt bald krumm, bald grad."

Krumm und grad, wie ist dessen Unterscheidung, Mutter! so wichtig für das ganze Leben Deines Dir so lieben Kindleins: „Dies ist ein gerader Mann," „ein gerades Handeln," „ein gerader Charakter," „er geht den geraden Weg," „er hat einen geraden Sinn," „ein gerades Wort," wem wird, und sei es auch wirklich nur noch ein Kind, bei diesen Worten nicht wohl? – aber: „er geht krumme Wege," „komm doch nicht so krumm herum, " „eine krumme Sache lieb ich nicht," wem trübt dies nicht den heitern Sinn? – Wichtig ist es also für Dein lieb Kind, früh gerad von krumm unterscheiden zu lernen. Dies scheint auch dem Künstler bei Entwerfung der Zeichnung vorgeschwebt zu haben: - gerad und krumm schwimmen die Fische, gerad und krumm fließt das Wasser, gerad und krumm wächst der Baum und an der geraden, schlanken Brautblume (Calla) krümmt sich unheimlich die Schlange hinauf. Hast Du nun früh Deinem Kindlein die Unterscheidung von gerad und krumm, hast Du ihm das Unheimliche beim Gefühl des Krummen und das Wohlige beim Gefühle des Geraden im Tun und Leben, im Denken und Reden, bleibend und fühlbar gemacht: so wird Geradheit und alles damit gegebene, der Ausdruck seines Handelns sein, und frei und fröhlich wird es sich dann beim richtigen Gebrauche seiner allseitig entwickelten Kraft am rechten Ort seines Wirkens und Schaffens bewegen, wie's Fischlein lustig im Bächlein.

8.

Hühnchenwinken

9.

Täubchenwinken

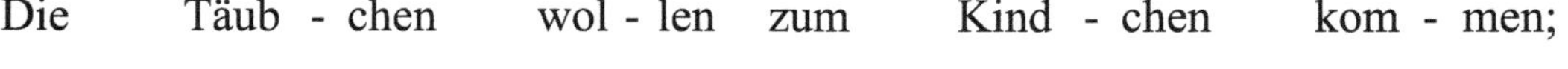
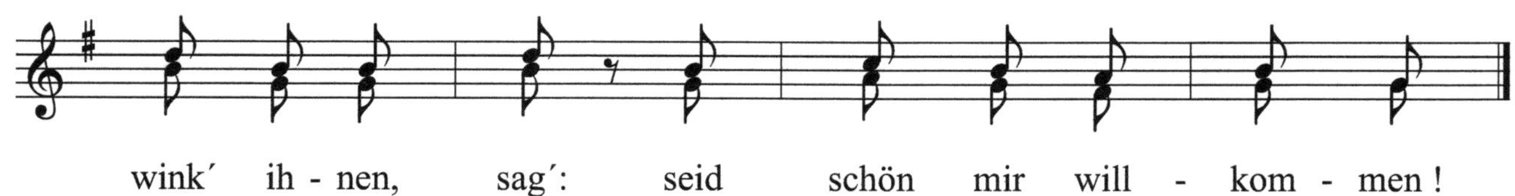

10.

Fischlein im Bächlein

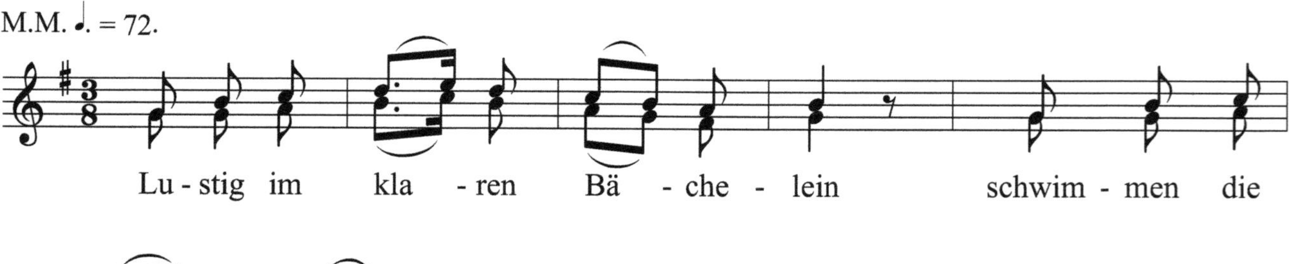

Längweis – kreuzweis

„Wie bedeutungslos dies Spiel
So liegt darin doch viel,
Es gleicht dem rohen Stein,
Erscheint als Farben – Ein,
Wie auch Verschied'nes gern
Wie auch Getrenntes fern
Und noch viel And'res traun?
Für den, der liebt zu schaun
Die doch des Kindes Sinn
Und ihm zum Hochgewinn
Dass alle Tätigkeit
Und dass der Arbeit auch
Dass nichts willkürlich sei,
Dass Ebenmaß hervor
Dies mach' dem Kindchen schon,
Dieß ahnend wird's das Maß

Auch immer mög' erscheinen,
Mehr als man möge meinen.
Der, wenn er nun geschliffen,
Vom Aug' mit Lust ergriffen.
In Ein'gung sich wohl findet;
Zu Einem sich verbindet;
Lässt dieses Spiel erkunden
Wahrheit vom Spiel umwunden;
So wunderbar leis ahnet,
Den Weg zum Einsehn bahnet.
Zu einem Ganzen führe,
Ein richt'ger Lohn gebühre;
Die Sachen sich bedingen,
Aus Allem gern will dringen;
Und im Gefühl erfassen;
Im Leben auch nicht lassen."

Das Hölzchen leg' ich längeweis,
Das Stäbchen darauf kreuzeweis;
In beide bohr ' ich ein Loch hinein,
Und schlag' einen hölzern Nagel drein;
Die Patschhand ist das Brettchen drauf:,
Die Scheib' ist fertig zum Verkauf.
„Wie teuer?"
Drei Dreier!
„Warum drei Dreier?"
„'S ist gar zu teuer!"
Einen Dreier kosten die Hölzchen gerad,
Einen Dreier kostet das Brettchen glatt,
Einen Dreier beträgt der Arbeitslohn,
Wer das nicht zahlt, der geh davon?

Längweis, kreuzweis.

Erklärung der Randzeichnung.

Mit diesem Spiele betreten wir eine neue ganz eigentümliche Stufe; doch muss dieses Spielchen in der Entwicklungsreihe des Kindes eine wesentliche Stelle, welche es auch immer sei, einnehmen; denn ich habe es, der allgemeinen Grundform nach, in den verschiedensten Gegenden und in den verschiedensten Mundarten Deutschlands, hoch und platt, wieder gefunden; auch mir erscheint es für das gesamte Leben des Kindes wichtig, es führt das Kind leisesten Schrittes in das Erkenntnis- und Gewerbsleben ein.

Das Äußere des Spielchens ist Dir wohl, Mutter! schon bekannt. Dein Kindchen steht oder sitzt auf irgend eine Weise vor Dir, bald sein linkes Händchen, bald sein rechtes Dir waagrecht entgegen haltend; nun nimmst Du entweder Deines Kindchens Zeigefinger seiner andern Hand oder der Deinigen, machst damit auf eine der ersten zwei Linien, die sich gerad rechtwinklig durchkreuzen, indem Du nachher in diesen Durchkreuzungspunkt mit dem Mittelfinger gleichsam ein Loch bohrest, mit demselben, als einem Hammer, einen Nagel einzuschlagen darstellst und Deine Hand flach darauf legst, indem Du dazu das oben angegebene Liedchen singst.

Das Motto dazu sucht zwar schon die innere Bedeutung des Spielchens anzugeben, erlaube mir aber, solche hier in einigem noch klarer anzudeuten. Wie schon gesagt, das Spielchen ist in der verschiedensten Weise so sehr allgemein, warum wohl?

 Offen gestanden, sehe ich darin die erste Spur, das Kind auf Lage und Form, und damit notwendig gegebene Erscheinungen aufmerksam zu machen. Die eine Linie ist die Längslinie, die andere die Querlinie, beide miteinander verbunden, erscheint die eine senkrecht, die andere waagrecht; sie durchschneiden sich gegenseitig in ihren Hälften oder Mitten, diese eint und verknüpft so auch das Entgegengesetzte, wie an ihr die 4 gleichen und darum rechten Winkel liegen, welche durch die beiden Linien, indem sie sich gegenseitig durchschneiden, gebildet werden; beide Linien mit ihren 4 Enden liegen aber auch in einer Ebene, doppelt zeigen es die Hände, die unterliegende und die darauf schlagende.

„Nun aber davon verstehe ich auch kein Wort," sagst Du, „wie soll mein Kind davon etwas verstehen." Du hast Recht, Mutter! kein Wort würde Dein Kind von dem verstehen, was eben gesagt wurde, würde es zu ihm gesprochen; aber, Mutter, von der Sache muss es irgend eine Ahnung haben, sonst würde das Spiel es nicht erfreuen; also siehst Du, sinnig beachtende Mutter, die Sachkenntnis muss Deinem lieben Kinde näher, tiefer liegen, muss ihm viel ursprünglicher, natürlicher, eindringlicher, als die Worterkenntnis sein; willst Du es also auf natürliche und eindringliche Weise belehren, belehre es unmittelbar durch Sachanschauung, Sacherfahrung. Warum mag diese Bildungsweise wohl so bleibend sein, fragst Du?

Tief prägt sich das Selbstgeschaute ein, drei Dinge darin stets verbunden sind, dies scheint zu ahnen schon das Kind: die Sache, das Besondere, das Allgemeine und die Beziehung von beidem zum Kinde.

> „Drei Dinge sind auch hier ungetrennt,
> Und wenn sie auch das Kind noch nicht nennt,
> So wecken sie in ihm doch kräftigen Sinn,
> Sonst schaut es so achtsam auf sie nicht hin.
> Sie dreie führen zu einem Ziel,
> Zu dem, auch jetzt, das Kind gern will: -
> Die Sache zu haben in seiner Gewalt,
> Nach Größe und Zahl, und nach Gestalt.“

Der Künstler scheint dies selbst dem Kindchen nahe bringen zu wollen; die drei Tiroler Schützen haben das gleiche eine Ziel im Auge, und in dem Herzen der drei, mit der Scheibe dahin ziehenden Knaben, regt sich die gleiche Lust.

11.

Längweis, kreuzweis

Patsche – Kuchen.

„Mag auch wohl ein höh'rer Sinn
In dem Patsche – Kuchen liegen?
O, wohl liegt er klar darin:
Willig muss sich Mehres fügen,
Jeder auch zu rechter Zeit
Sein an seinem Teil bereit,
Soll das Werk gelingen
Und uns Freude bringen."

Kindchen! wollen es versuchen,
Uns zu backen einen Kuchen:
Patsche, patsch' den Kuchen glatt,
Der Bäcker sagt: „Nun ist es satt,
Bringt mir doch den Kuchen bald,
Sonst wird ja der Ofen kalt." –
„Bäcker! hier ist mein Kuchen fein,
Back' ihn schön für mein Kindchen klein."
„Bald soll der Kuchen gebacken sein,
Tief in den Ofen schieb' ich ihn ein."

Patsche-Kuchen.

Erklärung der Randzeichnung.

Dies Spielchen, höre ich, soll wieder sehr allgemein verbreitet und in England soll es
das einzige sein, was in dieser Art von Fingerspielen, die in so mannigfacher Weise in
Deutschland verbreitet sind, dort im Gebrauch ist. Es gibt daher den Beweis, wie der
einfache Muttersinn gar nicht umhin konnte, den natürlichen Bewegungen der Glieder
in der Übung, die sie suchen, zugleich eine bestimmte Beziehung zum Leben zu geben,
und so, sogleich mit der beginnenden Tätigkeit des Kindes, dasselbe in die Mitte seines
Lebens und in dessen Verknüpfung zu versetzen. Es gibt dies den klaren bestimmten
Beweis und zeigt die notwendige Forderung, dass das, was bisher von dem sich selbst
überlassenen natürlichen Mutter- und Menschensinn, gleichsam zufällig und zer-
stückelt geschah, von dem innigen und einigenden beachtenden Geiste nun hervor-
gezogen und in dem ihm zum Grunde liegenden, für die Menschheit und Kindheit so
wichtigen inneren Zusammenhange, in dieser höheren Bedeutung erkannt und dem-
gemäß, vom sinnigen gemütvollen Geiste weiter fortgebildet werden soll; denn auch
der Menschheitsgeist als ein Ganzes, wie er sich besonders so überwiegend lebenvoll
und kindlich im Mutter- und Kindheitleben ausspricht, soll nicht in ewiger Unvollkommenheit in beständiger Zerstückeltheit bleiben, er soll sich als in sich Einiges
entwickeln in allseitig klare, schön gestaltete, ahnungsvolle Kindheit und bewusste
Mütterlichkeit, der echten Grundlage edler, kräftiger, tugend- und tatenreicher
Menschheit.

Das Äußere des Spielchens ist so bekannt und so leicht, dass es für Anwendung nur
wenige Worte mit besonderem Hinblick auf die doppelte Darstellung der Zeichnung
fordert. Das Kind sitzt oder steht, wie schon bei vorgehendem Spielchen angegeben,
vor der Pflegerin des Kindheitlebens; seine beiden Händchen erfassest Du so, dass die
inneren Handflächen senkrecht aneinander liegen, so beginnest Du, sie wiederkeh-
rend kräftig gegeneinander legend, das Spielchen; die Haltung der Arme, des ganzen
Körpers und die Bewegung der Oberarmgelenke sind dabei der Gegenstand der
Bildung und Übung. Ich sprach schon oben aus, dass dieses Spielchen aus dem
Bedürfnis hervorgegangen sei, durch die Pflege des Tätigkeitstriebes und des Dranges
nach Gliedergebrauch des Kindes, das Kind sogleich auch in den Zusammenhang
seines äußeren Lebens zu versetzen: so hier das Brot, das Semmelchen, vor allem die
Lieblingsspeise der Kinder, die so gern Mutterliebe dem Kindchen reicht: Kuchen – der
muss erst gebacken werden, ehe das Kindchen ihn aus liebender Mutterhand bekommen und ihn genießen kann, und einer steht in dieser Beziehung vermittelnd zwischen
der Mutterliebe und dem Verlangen des Kindes da, es ist dies der Bäcker. Dies ist nun
schon schön und gut, es ist dies ein Glied der großen Kette des inneren Lebenszusam-

menhanges, allein nicht das einzige und noch weniger das letzte; mache Deinem Kinde, so wie sich nur immer Gelegenheit zeigt, diesen inneren Lebenszusammenhang klar, anschaulich, eindringlich, fühl- und wahrnehmbar, wenn auch nur in einigen der wesentlichsten Glieder dieser großen Kette bis zum letzten Ring der Alles hält, Gottes Vaterliebe Aller. – Der Bäcker kann nicht backen, mahlt ihm der Müller kein Mehl, - der Müller kann kein Mehl mahlen, bringt ihm der Bauer kein Korn, - der Bauer kann kein Korn bringen, trägt ihm der Acker kein Getreide, - der Acker kann kein Getreide tragen, wirkt nicht dazu die Natur im innigen Einklange, - sie könnte nicht im innigen Einklange wirken – habe Gott nicht in sie Kräfte und Stoffe gelegt und seine Liebe leite nicht noch Alles zu ihrem Ziel.

In diesen Gesinnungen sind nun gewiss auch jene Kindlein herauf gepflegt worden, die dort oben „Brotbackens und Essens" spielen. Stört sie nur nicht in ihrem sinnigen, gemütvollen Spiele, bemerkt es lieber gar nicht, könnt ihr euch nicht in die ihm zum Grunde liegende tiefe Gemütlichkeit versetzen; es ist dies keine Herabziehung des Heiligen ins äußerliche Leben, nein! es ist dies der Keim, auch den äußerlichen Lebens- erscheinungen die ihm so nötige innere Bedeutung und höhere Weihe zu geben; denn wie sollte Dein Kind dahin kommen, jetzt und durch sein ganzes Leben das Heilige in Unschuld lebenvoll in sich zu pflegen, wenn Du ihm nicht vergönnen wolltest, dass es sich ihm auch in seinen unschuldigen Spielen in Reinheit außer sich gestalte? aber eben in Unschuld, welche aus dem Heiligtum des Kindheitlebens durch unberufenes Auge und Wort nicht zur Schau hervorgehoben worden ist, muss es geschehen.

12.

Patsche Kuchen

M.M. ♩. = 80.

13.

Das Nestchen

M.M. ♩ = 76.

Vogelnest.

„Kindeslieb' im Bilde zu erblicken,
Siehst Du schon das Kind erfreun;
Willst Du drum Dein Kind beglücken,
Mach' das Bild ihm oft erneun;
Dass das, was im Leben wahr,
Werd' auch im Gemüt ihm klar."

In die Hecke, auf die Ästchen
Baut der Vogel sich ein Nestchen;
Legt hinein zwei Eierlein,
Brütet draus zwei Vögelein:
Rufen die Mutter: „pip, pip, pip!
Mütterchen, Du bist uns lieb!"

Nestchen.

Erklärung der Randzeichnung.

Das Äußere dieses Spielchens, die Handstellung, welche Du, sinnige Pflegerin, zuerst nur allein und dann später, vom Nachahmungstriebe aufgefordert, Deinem Kindchen selbst ausführen lassen kannst, ist oben auf der Zeichnung bestimmt genug angegeben; so, dass es dazu nur noch des einzigen Zusatzes bedarf: im Anfange des Spielchens sind die beiden Däumchen so eingeschlagen, dass man nur das hintere Glied derselben, zwei Eiern gleich, sieht; erst bei den Worten „brütet d'raus zwei Vögelein" erheben sich die Daumenspitzen so, dass sie dem Hals und Kopfe zweier Vöglein gleichen, bei den Worten „rufen die Mutter pip, pip, pip," bewegen sich die Daumen, als suchten die Vöglein ihre Mutter.

Nicht so geradezu und mit einem Schlage, das fühlst Du Mutter, die Du sinnig beachtend dem Leben des Kindes und dessen Entfaltung Schritt vor Schritt langsam nachgehest, nicht so unmittelbar lässt sich in Deinem Kinde, so tief und sicher auch die Bedingung dazu in seinem Innern liegen, die Ahnung, das Gefühl des innigen und höheren alleinigen Lebenszusammenhanges, und noch weniger das Ahnen und Fühlen der ewig einen Lebensquelle, des an und in sich nur Guten – Gottes – wecken; es muss dies in sehr kleinen Schritten, mit erst schwachen Tritten und mit zarter Hand geschehen; der Weg geht durch die sinnige, gemüt- und gefühlvolle Beachtung der Natur und des Menschenlebens und der pflegenden Aufnahme des Innern desselben in das eigene Gemüts- und Darstellungsleben des Kindes hindurch. In diesem Spielchen und durch dasselbe betrittst Du, Mutter, mit echtem Muttersinn, den ersten dieser Pfade. Dein Gefühl und Dein Ahnen, dass Dein Kind den innigen Naturzusammenhang, dass es sich in demselben fühle, das ist's, welches Dich diesen Pfad zu betreten führt. Was macht diesen Zusammenhang lebensvoller, ja lebendiger und schön gestalteter ahnen, was zeigt ihn wirklich sogar anschaubarer als das Vogelnest, als ein Nestchen junger Vögel?

Die **Zeit** des Nistens, die beginnende Zeit der sich entfaltenden Natur, der Frühling, wie in ihr zur Entwickelung und Erstarkung der jungen Vöglein die ganze schöne Jahreszeit, Frühling und Sommer, vorliegt, so reicht sie auch steigernd die zu dieser Entwickelung wachsend nötige Nahrung, und kommt der raue Herbst und frostige Winter, so sind die Vöglein stark genug, sich selbst ihre Nahrung während desselben zu suchen, ihn zu ertragen oder ihm zu entfliehen. Der **Ort** des Nestchens gerad da, wo die Alten zur Befriedigung ihres Pflegetriebes und zur Stillung des Hungers ihrer Jungen die meiste Nahrung finden. In der Nähe menschlicher Wohnungen so viele Insekten, Fliegen, Mücken, Spinnen; dort an dem einen der Häuser die Nestchen der Sperlinge zwischen den Dachsparren, und an dem andern Hause das Nest der

Schwalbe; in der an Insekten reichen Hecke die Nestchen der Rotkehlchen, der Grasmücken. In gewürmreichen, hohlen Bäumen das Nest der Meise, wie in der Nähe der froschreichen Gegend das Nest des Storches.

Wie Zeit und Ort, so wichtig ist die eigentümliche **Art** des Baues jedes Nestchens: Das Finkennest zwischen den Ästen des Apfelbaumes ist kaum von der Rinde desselben zu unterscheiden, und das Nest der Schwanzmeise gleicht einem Moosbündel, damit dieser Schein möglichst die Gefahr abwendet. Ganz vor allem aber weckt die Bedürftigkeit und besonders die Nacktheit und Zartheit der jungen Tierchen die Teilnahme des Kindes. Sie zu pflegen, sie zu schützen, kommt liebend gleichsam die ganze Natur entgegen.

„Mutter, Mutter! sieh nur das Nest voll junger Vöglein, welches diese Kinder hier gefunden haben; es ist aber auch gut, dass sie kommen, die Vöglein waren ja so ganz allein, die Eltern haben sie ja verlassen, die armen Tierchen dauern mich.“ – „Kind, Du irrst, die Mutter sucht nur Körnchen und Mückchen und Würmchen zur Nahrung für ihre Kinderchen, bald kommt sie wieder. Sieh, und der Vater! da scheint er auch ganz still auf dem Ästchen an dem Baume zu sitzen; schau, wie er festen Blickes herab sieht, dass seinen Kinderchen von den fremden Gästen kein Leids geschehe. Schau nur hier herauf, da sitzt der Vater ganz dicht beim Nest, wie ein sorgsamer Wächter, und das Mütterchen kommt fröhlich mit Futter. Während aber die Mutter nach Futter flog und der Vater Wache hielt, schien einstweilen die liebe Sonne so warm ins Nest und pflegte die Jungen wie die Mutter selbst; sieh nur, wie wohlig die Jungen sind, und die Vogelmutter, die Du beim andern Nest nicht siehst, und die auch die Vöglein nicht sehen, siehe, die denkt jetzt stets an ihre Kindlein, und wo sie fliegt, spricht sie:

„Ach fänd‘ ich doch ein Mücklein
Für meine kleinen Kindlein;
Wie wollt‘ ich doch so froh sein,
Sie damit zu erfreun.“

Sieh Kindchen! wenn ich nun auch

Nicht immer kann bei Dir sein,
So musst Du nicht gleich schrein
Du bleibst lieb‘ Kindchen mein;
Was ich auch tu‘, ich gedenke Dein.
Auch bist Du ja gar nicht allein:
Des himmlischen Vaters lieb‘ Sonnenlicht
Das weicht ja von Dir Kindchen nicht,
Dringt überall zu Dir herein,
Nur musst Du‘s auch beachten fein.
Es liebt nicht schreiende Kinderlein;
Doch spielen hilft‘s Dir, bist Du auch noch klein,
Weshalb die Sehnsucht es zu Dir trieb.

„O Mutter, Mutter! wie bist Du so lieb,
Nichts Lieblichers gibt es als Mutterlieb‘.“

Blumenkörbchen.

„Such' dem Kindchen zu gestalten,
Was ihm das Gemüt bewegt;
Denn auch des Kindes Lieb' kann alten,
Wird sie innig nicht gepflegt."

Kindchen! woll'n ein Körbchen machen,
D'rin zu tragen schöne Sachen:
Blümchen woll'n wir darin tragen,
Werden drob sich nicht beklagen;
Wollen sie dem Vater bringen,
Ihm ein Liedchen dazu singen:
La, la; la, la; lieb Blümelein,
Sollt nun bei dem Vater sein;
La, la; la, la; la, la; la, la.

Blumenkörbchen.

Erklärung der Randzeichnung.

Die Handstellung geht aus der Zeichnung klar hervor: der kleine Finger der rechten Hand legt sich an den Zeigefinger der linken, die Fingerspitzen der rechten Hand in den Winkel zwischen dem Daumen und Zeigefinger der linken, so, dass beide innere Handflächen eine halbkugelige Vertiefung bilden und die beiden Daumenspitzen nach außen hin sich berühren; doch kann ersteres auch auf umgekehrte Weise geschehen; die Daumenspitzen sind aber in beiden Fällen nach außen hin gekehrt. Es ist zur Bildung der Hände und einer gewandten Beugung derselben, auf die es hier zunächst abgesehen ist, sehr gut, wenn das Körbchen auf die angegebene, doppelte Weise dargestellt wird.

Die innere Bedeutung dieses Spielchens ist, wie bei vorigem schon angedeutet: das Kind frühe, wie zur gemütvollen Beachtung, so zur sinnigen Pflege des allseitigen, zwar unsichtbaren, aber fühlbaren, inneren, geistigen Verbandes, namentlich des menschheitlichen, zunächst im Kindes= und Familienleben hinzuführen.

„Warum sammeln denn die Kinder hier mit so vieler Mühe, ja sorglich die schönen Blumen in die niedlichen Körbchen da, und warum schneidet die Mutter wohl die schöne Lilie ab?" – Weißt Du, was ich glaube, mein Kind? – „Es ist heut' gewiss ihres lieben Vaters Geburtstag." Ja, so ist es wirklich! Siehe, dort sitzt der Vater in der Hütte auf dem Hügel im Garten; kann ich recht sehen, so hat er einen Bleistift in der Hand und gewiss zeichnet er für seine lieben Kinder, damit sein Geburtstag wie für ihn, so auch für sie ein Freudentag werde, ein Bildchen: etwa die heitere Morgengegend, und die still und doch so schön aufgehende Sonne, ein Bild des Beginnens seines früheren, wie jetzt ihres Lebens.

Schau, Kind, die kleinere Schwester hier scheint dies zu ahnen, sie kann gar nicht erwarten, bis das größere Körbchen völlig mit Blumen ausgeschmückt ist, mit ihrem kleinen Körbchen eilt sie zum Vater in der Hütte. „Da lieber Vater," sagt sie, „hast Du zu Deinem Geburtstage ein paar Blumen; freuen sie Dich? – Aber die Mutter und Schwester und Bruder bringen bald mehr, die sind erst schön!"

„Du, mein herziges Kind!" sagt der Vater, „Deine Blümchen sind ja schon so schön, so frisch, so rein; alles alles will ja heute mich erfreun!"

Siehst Du, Kind! er meint: „die Sonne scheine so freundlich, der Himmel sei so klar, die Luft so mild, die Bäume so grün, die Vöglein wären so lustig und sängen so schön, die blumige Wiese so tauig," kannst Du's sehen da draußen, wo der Vater hinschaut? – und sieh', die alte Burg glänzt auch da oben im Haag, als sage sie herab freundlich guten Tag, das meint der liebe Vater, das mache heut' alles ihm so Freude.

„Aber," sagt der Vater zum Kinde: „All' dies würde mich dennoch nur wenig erfreun, hätte ich kein lieb' Töchterlein und diese keine Schwester, kein Brüderlein."

„Und keine liebe, gute Mutter!" das sagt der Vater gewiss auch, Mutter!

Ach ja, das sagt er gewiss; denn er weiß ja, dass die Mutter ihn und die Kinder alle so lieb haben.

„Weißt Du aber auch, lieb' Töchterlein!" sagt der Vater weiter zum Kinde: „wem ich diese Freude alle verdanke?"

Sich selbst, meinte nun wohl das Kind, weil der Vater so gut ist; aber der Vater sagt: „Dem, der mir das Leben gegeben hat, dem, der Allem Leben gab und gibt, dem Alllebensgeber, Gott, dem Vater Allem nah, dem verdanke ich all' die Freude, die mir heut wird. Kommt die Mutter, die Schwester und der Bruder, dann wollen wir auch gemeinsam ihm danken:"

„Wie die Vöglein Dank ihm singen,
Lerchen ihre Flügel schwingen,
Wie zum Preis die Schwalben ziehn,
Und die schönen Blümlein blühn;
Wie, in schöner Morgenpracht,
Ihm die Flur so freundlich lacht,
Wie, in Jubel und Gesang,
Alles bringt ihm frohen Dank."

So, sagt der Vater zum Töchterlein, so wollen auch wir ihm danken.

„Mutter! wann ist denn unseres Vaters Geburtstag?

Dann bring' ich auch im Körbchen mein,
Ihm liebe, schöne Blümelein,
Die soll'n gewiss ihn auch erfreu'n.
Ein Bild sind sie der Güte sein."

14.

Das Körbchen

M.M. ♩. = 76.

15.

Das Taubenhaus

M.M. ♩. = 80.

Das Taubenhaus.

„Was das Kind im Innern fühlt,
Gern es auch im Äußern spielt.
Wie 's Täubchen fliegt in's Weite,
Macht's Ausgehn Kindern Freude;
Wie's Täubchen kehrt in's Haus zurück,
Wend't 's Kindchen heimwärts bald den Blick.
Zu Haus lass Pfleg' es finden,
Gefundenes zu winden
In einen bunten Kranz;
Was sich getrennt ließ finden,
Erzählung mag's verbinden:
So wird das Leben ganz."

Ich öffne jetzt mein Taubenhaus,
Die Täubchen fliegen froh hinaus;
Sie fliegen hin auf's grüne Feld,
Wo's ihnen gar zu wohl gefällt.
Doch kehr'n sie heim zu guter Ruh,
So schließ' ich wieder
            mein Häuschen zu.

Taubenhaus.

Ein Arme, Hände und Finger übendes Spiel.

Erklärung der Randzeichnung.

Die Handstellung spricht sich ziemlich klar aus der, wenn auch etwas zu männlichen, Hand der Zeichnung aus. Der linke Arm auf dem Bilde, den Deinen gleichsam im Spiegel gesehen, deutet durch seine mehr senkrechte Haltung den Ständer oder Pfeiler, und die, mehr rechtkantig (man sagt wohl viereckig) als rund, zusammengefügten Hände bilden das eigentliche Taubenhaus, welches auf jenem ruht; die freien und frei sich bewegenden 4 Finger der rechten Hand deuten, beim Öffnen und Verschließen, die Tür des Taubenhauses, und beim vielfachen Sichbewegen, die Täubchen desselben an. Zur gleichmäßigen Ausbildung der beiden Arme usw. kann auch der rechte Arm gleichsam den Ständer des Taubenhauses und die Finger der linken Hand können einmal die Täubchen, dann wieder die Tür des Taubenhauses darstellen. Dies Spielchen macht den Kindern vorgemacht wie von ihnen nachgeahmt, gehörig heraufgewachsen, große Freude. – Denn: Beachtung regen Lebens, besonders des Naturlebens, und sich selbst mehr oder minder frei im Freien bewegen, mindestens in vollen Zügen die frische, klare Luft der freien Natur einatmen zu können, das ersehnt als Lebensentwickelungs- und Stärkungsmittel mit so bestimmtem Ausdruck des Verlangens und der Freude schon früh das Kind.

Mutter! Kindheitspflegerin! gewähre es ihm, wo Du nur kannst; allein bleibe dabei nicht stehen, bedenke, dass der Geist Deines Kindes, wenn auch sich selbst noch gänzlich unbewusst, dennoch in dem Erscheinenden und Vorübergehenden immer ein Bleibendes und Bestehendes, in dem Äußern immer ein Inneres, in dem Besondern immer ein tiefer liegendes Allgemeines, in dem Einzelnen und Getrennten immer ein Einiges, zuletzt, wenn auch sich ganz unbewusst, doch eben als ein menschliches, als ein Menschen Kind, als Funke des Einigen, Gottes, auch das Einige, die Einheit an sich, Gott sucht; darum pflege diese Ahnung, wo Du nur immer kannst, damit sie ihm als ergreifendes, wenn auch selbst noch als unbegreifliches Gefühl immer mehr lebendig, damit es ihm immer regeres Wahrnehmen im Gemüte werde.

Mutter, und die Du deren Stelle vertrittst, sage nicht: nun dazu ist es doch in meinem kleinen Kinde noch zu früh! – Zu früh?! – Weißt Du, wann, wo und wie die geistigen Entwicklungen Deines Kindchens beginnen? – Wo und wann die Grenze des noch nicht Daseins und des Beginnens derselben sei und wie sie sich immer kund tue? – In Gottes Welt, eben weil es die Welt Gottes, durch Gott Gewordenes ist, spricht sich ein Stetiges, das heißt ungetrennt Fortgehendes der Entwicklung in Allem und durch Alles aus. Trage sie immer in Dir, diese Pflege, damit sie immer von Dir geschehe:

Wie Du in Dir sie still trägst, sprichst Du im Tun sie auch aus.

Nicht das **Wann,** die Zeit derselben, ist zu frühe, sondern leider nur zu oft das **Wie,** die Art und Weise derselben. Dein Kindchen will erst schreiten lernen, ehe es gehen lernt; es sucht erst zu stehen, ehe es fortzuschreiten strebt; es sucht erst seine Beinchen, seinen ganzen Körper zu stärken, zu entwickeln, ehe es gern und mit Lust auf seinen Beinchen steht. Willst Du Dein Kind, weil es Beinchen hat, gleich stehen, gehen machen, so machst Du ihm schwache, krumme Beine; siehe, Mutter! in der Körperentwicklung spricht sich auch das Gesetz der geistigen aus: kommst Du mit ihr zu spät, wird Dein Kind an Körper und Geist unbeholfen, plump; kommst Du mit ihr zu früh, leider begegnen wir nur zu vielen Menschen, welche dadurch, wie die Kinder mit schwachen, krummen Beinen, so gleichsam mit schwachem, krummbeinigem Gemüt einherwandeln. – O Mutter! Mutter! und ihre Vertreterinnen, vergesst es doch nicht, pfleget Eure Kindlein im großen Lebenszusammenhange und nach den so einfachen Gesetzen desselben herauf. Um dies nicht zu vergessen, fügt Euch zur Erinnerung, zum Sinnspruch noch die Worte hinzu:

> Ein Ganzes soll aber das Leben ihm werden,
> Dies ist schon des Kindes Bestimmung auf Erden.

Doch wir wollen auch unser Taubenhaus und das sich darin so einfach aussprechende Lebensgesetz nicht vergessen.

Der Mutter mit dem Kindchen auf dem Arme und Allen hier, scheint es auch lebendig im Gemüte zu leben. Das kleine, frische, gesunde, darum auch so sicher und fein auf der Mutter Arme ruhende Kindchen verwendet keinen Blick von den 3 Täubchen da unten; es ist, als wollte es mit seinen Äuglein sie erfassen und mit denselben nach Haus nehmen. Der Knabe, da vor der Mutter, bleibt wie gefesselt stehen, er bemerkt dort am abgeschnittenen hohlen Ast das Meischen, welches eben in denselben hinein, zu seinen Jungen schlüpfen wollte, allein nun, um beide, Nest und Junge nicht zu verraten, als sei es ihm um beide gar nicht zu tun, mit weggewandtem Gesicht dasitzt. Der Knabe vergisst darüber sogar seinen Apfel in der Hand, welcher derselben fast entschlüpft. „Mutter, halt!" sagt er kaum hörbar, um das Vögelchen nicht ganz zu verscheuchen, „sieh dort auf dem abgeschnittenen Aste mit dem Loche!" Teilnehmend hemmt die Mutter ihren Schritt und wendet auch zum besorgten kleinen Tierchen ihren Blick. – Die beiden heimkehrenden Kinder müssen auch auf ihrem Gang ins Freie, ihnen Lebenswichtiges bemerkt haben; denn ganz in ihren Mitteilungen darüber versunken, kommen sie dort her.

„Nun sag' mir, mein lieber Sohn," spricht die Mutter dort rechts zu ihrem Kinde, „wo bist Du denn gewesen?"

„Im Hofe, im Garten, im Felde, auf der Wiese, am Weiher, am Bach."

„Was hat denn da mein Kind Schönes gesehen?"

„Die Tauben, die Hühner etc. die Gänse und Enten etc.
Und Schwalben und Spatzen etc. und Lerchen und Finken etc.
Und Raben und Elstern, Bachstelzen und Meisen
Und Bienchen und Käfer, Schmetterlinge und Hummeln."

„Wo sah'st Du denn die Täubchen und Hühner?" „Im Hofe, Mutter, da pickten sie Körnchen auf und fraßen sie; schnell konnten die Hühnchen laufen, wenn sie was fanden oder der Hahn, der etwas für sie gefunden hatte, sie rief. Die Tauben konnten aber nicht so schnell laufen, auch die Raben nicht, die ich im Felde sah. Ein Rabe lief fast wie ein Taube und eine schwarze Taube lief so, dass ich glaubte, es sei ein Rabe. Aber hüpfen konnten die Raben und Elstern, Du glaubst es nicht, auch die Bachstelzen und Spatzen können es; gar lustig ist's, wenn sie auf ihren steifen Beinchen herum hüpfen. Ach, Mutter, Du musst mitgehen, dass ich es Dir zeige, und die Gänse und Enten wie sie auf dem Wasser schwimmen und untertauchen. Aber denke Dir, sie konnten auch fliegen, sie flogen gerad über meinem Kopfe weg zum Weiher, da bin ich erschrocken!" „Sieh mein Kind, Gänse und Enten sind ja auch Vögel, wie die Tauben und Hühner, die Schwalben und Spatzen, die Lerchen und Finken sämtlich es sind." „Mutter, sind denn die Tauben und Hühner auch Vögel?" – „Haben sie, Kind, denn keine Federn, haben sie denn keine Flügel, haben sie nicht wie alle Vögel zwei Beine?" „Aber die Tauben wohnen ja in den Taubenhöhlen, in dem Taubenschlage und die Hühner fliegen ja nicht!" – „Nun ein wenig doch, siehe, sie haben es, weil sie es wenig üben, verlernt; was man nicht verlernen will, muss man auch üben. Die Spatzen und Schwalben sind ja auch Vögel und sie wohnen ja auch an Häusern und unterm Dache." „Mutter, sind denn sie Bienen und die Schmetterlinge, und die Käfer auch Vögel, die haben ja auch Flügel und können fliegen, viel höher als die Enten und Hühner?" – „Sieh, sie haben keine Federn, bauen sich auch keine Nestchen, und noch gar Vieles haben sie **nicht,** was die Vögel haben; es sind wohl auch Tiere wie die Vögel und andere, denn sie bewegen sich, wie sie wollen, aber sie haben auch etwas, was diese nicht besitzen; schau einmal jenen Käfer dort, diese Fliege hier, sieh, sie haben Einschnitte, hier einen und hier einen, diese Einschnitte nennt man Kerben und die Tiere selbst deshalb Kerbtiere."

„Mutter, Du musst mit spazieren und ins Freie gehen, dann ist alles viel schöner!" „Kind, ich kann nicht; ich muss Dir ja Hemdchen machen, Euch etwas zu Essen kochen und alles im Hause in Ordnung halten; sieh, wie in der freien Natur alles so schön in Ordnung ist, jedes an seinem Platz, jeder das Seine so schön und freudig tut, siehst Du, da kann ich's ja so sehen, als hörte ich, dass der liebe Gott, der Alles so schön gemacht, zu mir sagte: Frau und Mutter, in Deinem kleinen Hause muss auch alles so ordentlich sein, jeder zur rechten Zeit das Seine tun und erhalten; und noch viel Anderes sagt er zu mir: Jeder muss an seiner Stelle auch das Rechte tun, sagt er. Jetzt kann Dein Kind noch herumflattern, dass es seine Kraft übe, wie's Vöglein, später muss es aber, wie ein Apfelbaum an einer Stelle bleiben, dass er auch so gesunde Früchte bringe wie dieser. Sieh, mein Kind da kann ich nicht mit Dir spazieren gehen, ich muss, wie der Baum an seiner Stelle, so im Hause bleiben; aber gib nur auf alles recht acht und erzähle mir's, wenn Du heim kommst." „Mutter, morgen gehe ich wieder hinaus, dann erzähle ich's Dir wieder, und dann machst Du auch, dass ich's sehe und höre, was alles der liebe Gott draußen sagt."

Nachschrift: Lehren und Lernen geht durch das ganze Leben des Menschen hindurch; auch der älteste Lehrer hat noch zu lernen und der älteste Erzieher muss sich noch belehren lassen; letzterer besonders, nicht allein von Menschen, sondern von Allem, wer ihn umgibt, selbst von den Tieren. So ist es denn auch mir selbst mit den Tauben ergangen. Eine Besuchsreise führte mich zu einem Taubenfreund, mein Zimmer bei ihm war in seiner Tauben Nähe, da hörte ich denn, wie sie oft, und auch wohl nach Heimkehr gleichsam ihr Zwiegespräch hielten; dadurch ergänzten sich meiner Kleinen Taubenliedchen:

„Und hörst Du sie da (im Häuschen), so erzählen sie sich,
Wie 's draußen im Freien so wonniglich:
Kurruh, Ruckkuh, Kurruh."

Den Kindchen aber war es große Lust, dass sich die Täubchen auch von ihren Ausflügen erzählten, und umso freudiger taten auch sie es nun.

Mutter! Deine wirksame Erzählung hält, besonders zur rechten Zeit, Deinem Kinde den Spiegel vor.

Das Däumchen ein Pfläumchen.

„Lehr' Dein Kind früh seine Glieder kennen,
Lehr es sie deutlich auch benennen;
Doch noch mehr, lehr recht es sie gebrauchen,
Dass, was es einst macht, auch möge taugen."

Dies ist das runde Däumchen,
Es sieht aus wie ein Pfläumchen.
Dies Fingerchen gerade zeigt,
Doch aber auch gar schön sich neigt.
Dies Fingerchen das größte ist,
Obgleich es nur zu mittelst ist.
Dies Fingerchen trägt's Ringelein,
Drum ist es auch wie Gold so rein.
Dies Fingerchen das kleinste ist,
Die Fingerzahl gar fein beschließt.

Und wie verschieden nun auch ihre Gaben sind,
So sind sie einig doch beisammen, liebes Kind.

Däumchen ein Pfläumchen.

Erklärung der Randzeichnung.

Jedermann ist das Abzählen an den Fingern und die Stellung der Hand dabei bekannt, dass es hierüber keines Wortes weiter bedarf, auch zeigt das Bild die Handstellung klar. Aber über die Auffassung dieses Spielchens hier sind einige Worte zu sagen:

Die mir bekannt gewordenen Abzählspiele, welche im Volke, im Kinderleben, in Familien- und Kinderstuben heimisch sind und welche gewöhnlich beginnen: „dies ist der Daumen" oder „das Däumchen," waren mir teils gar zu leer und nichtig, teils sogar Manches sagend, was ich eben nicht den Kindern gesagt wissen möchte. Doch erscheinen mir die Abzählspiele selbst, wie sich hier im Vergleich der Behandlung derselben hoffentlich mehr zeigen wird und wie besonders die Motto darüber andeuten sollen, vielfach wichtig; auch den Anklang an die bekannten Volksworte wollte ich, wenigstens im ersten Worte, beibehalten, und so entstand das erste dieser Liedchen. Dies Spielliedchen sollte den Kindern bei den Fingern (nicht so bei dem Daumen, der seinen Namen ohne Zweifel von dämmen, gleichsam einen Damm bilden, hat) die Entstehung der Namen Zeigefinger, auch Winkfinger hier und da genannt, Mittelfinger, Ring – oder Goldfinger und kleine Finger deuten. Ich halte es zur weckenden Vergleichung und zur allgemeinen frühen Beachtung des Zusammenhanges zwischen Wort und Sache sehr wichtig, auf solchen nahliegenden Zusammenhang das Kind frühe aufmerksam zu machen, er verscheucht Leerheit und weckt sinniges Nachdenken.

Der Künstler hat sinnig den Fingern zur linken, der dem Herzen, dem Sitz des Gemütes, näher liegenden Hand, weibliche Gestalten, und den Fingern zur rechten, kräftigeren Hand, männliche gegeben. Wenn ich recht sehe und ihn verstehe, hat er noch Mehreres angegeben, um den hohen Sinn höherer Eintracht und friedlichen Zusammenwirkens auch bei äußerer Verschiedenheit, wie dies in der Familie und andern derselben ähnlichen Lebganzen stattfinden soll und das Liedchen sagen will, auch in seinem Bilde anzudeuten.

„Was tut hier die Mutter, welche ihr Töchterchen auf dem Arme hat?" – Sie lehrt ihm seine Fingerchen kennen und üben, damit es solche gut gebrauchen kann, wenn es groß wird; wie die beiden Mädchen da unten, welche so fleißig und sorgsam nähen und spinnen, wie die beiden Kinder dort im Garten, die ein Blümchen pflanzen, und der Knabe, welcher so kräftig den Baum hinauf steigt, um ihnen Pflaumen von den nahstehenden, als freundliche Gabe dafür, zu pflücken. „Mutter, darf ich auch auf einen Baum steigen?" – „Ja, wenn Du ein wackrer Turner wirst."

16.

Däumchen ein Pfläumchen

M.M. ♩. = 72.

Däumchen neig' dich.

„Das Kindchen seine Glieder fühlt,
D'rum es mit Hand und Finger spielt.
Die Mutterlieb' hat darauf Acht;
Denn so des Geistes Kraft erwacht.
Was in dem Kinde sich dunkel regt,
Mit Sorgfalt es die Mutter pflegt."

Du **Däumchen** neig' dich,
Du **Zeiger** streck' dich,
Du **Mittler** buck' dich,
Du **Goldner** heb' dich,
Du **Kleiner** duck' dich,
Ja, ja! füge Dich.

Ihr Alle möget durch zierliches Beugen,
Euch freundlich des Grußes Ehre bezeigen.

Däumchen neig' Dich.

Erklärung der Randzeichnung.

Das Äußere des Spielchens spricht die Zeichnung der beiden Hände und das Liedchen dazu selbst klar aus, wie das Innere desselben, das Motto; so dass über das Ganze eigentlich wenig zu sagen übrig bleibt.

Man klagt jetzt allgemein, mehr als je, bei Kindern über unstatthaften, die Sinnlichkeit reizenden, das Zartgefühl des Kindes verletzenden und die Gemütsreinheit derselben befleckenden Gebrauch ihrer Glieder; und leider, leider! kann auch schon die nur oberflächliche Beachtung des Kindertuns und des Körper- und Geisteszustandes der Kinder diese Klage nicht als unbegründet, sondern muss sie, traurig genug, nur in zu weitem Umfange gegründet finden.

Was ist nun zu tun, diesem, so um sich gegriffen habenden und wie eine schleichende Seuche das Edelste im Kinde und selbst im späteren Menschen vergiftenden Übel vorzubeugen, ja ist's möglich, es gänzlich zu heben?

Nur ein Mittel gibt es, allein, freut Euch ihr Kinder- und Menschenfreunde! ein gründliches Mittel: es ist vor allem die so angemessene als ausdauernde, das Kind ganz, recht mit Leib und Seele, Fühlen und Denken in Anspruch nehmende Betätigung und Beschäftigung; es ist zunächst die dahin führende Bildung und Übung seiner Glieder, und das Bestreben, von dem Gebrauch derselben, wie allen Reiz der Sinnlichkeit, alle Gedankenlosigkeit zu entfernen, so besonders und namentlich das daran anzuknüpfen, was zur innigen Beachtung des offen Vorliegenden hinführt; wohin nun eben, als eines der wesentlichsten Zwecke, die hier angebahnten Glieder- und Sinnenspiele leiten sollen.

17.

Däumchen neig´ dich

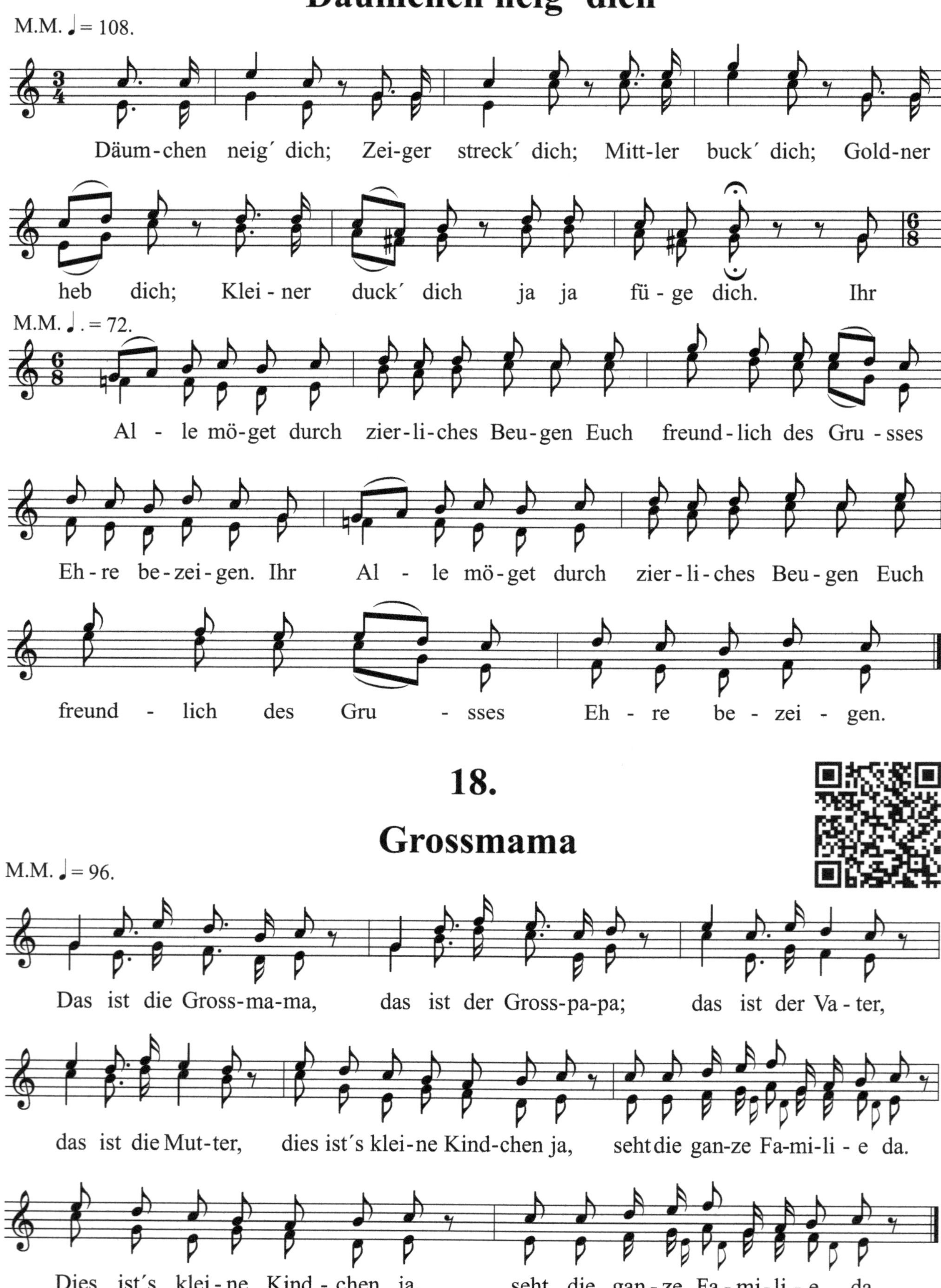

18.

Grossmama

Die Großmama und Mutter lieb und gut.

Die Großmama und Mutter lieb und gut.

Erklärung der Randzeichnung.

Wenn nun etwas der sinnigsten Beachtung, richtigen Erfassung und der sorglichsten Pflege bedarf, so ist es das menschliche Familienleben und alles dessen, was sich als dem ähnlich in der Natur ausspricht. Familienleben! Familienleben, in den angegebenen drei Beziehungen, wie so hochwichtig bist Du! wie könnte ich die Schilderung Deines Wesens und die Forderungen desselben hier in diesen winzigen Raum zusammendrängen? Du bist das Heiligtum der Menschheit, Du bist das Allerheiligste der Pflege des Göttlichen. Familie! Familie! lasse es uns unumwunden und offen aussprechen, Du bist mehr als Schule und Kirche, und darum mehr noch als alles, was das Bedürfnis als Schutz des Rechtes und des Eigentumes hervorrief; denn, Familie! wo Du nicht den Geist der Sinnigkeit und Sittigkeit des Beachtens und Nachdenkens in die Schulen bringst, da sind sie, und seien sie noch so gefüllt, leer wie ein unfruchtbares Ei, was wohl äußeren Nahrungsstoff enthält, aus dem sich aber nie von neuem freies Leben entwickelt. Familie! was sind ohne Dich Altar und Kirche, wo Du ihnen nicht die Weihe gibst und Seele, Herz, Gemüt und Geist, Gesinnung und Denken, Tun und Leben all' der Deinen zum Altar und Tempel des einigen lebendigen Gottes, zur Durchdringung aller seiner Kundmachung und zur Ausführung ihrer Forderungen erhebst?! Was sind Schutz- und Trutzanstalten für Wahrheit und Recht? ihnen trotzt derjenige, dessen Familie ihnen nicht geheiligt war. Darum, Mutter! lehre an dem kleinsten Fingerspiele Deinem Kinde frühe das Wesen eines Ganzen, vor allem des Familienganzen ahnen, und ist es möglich, lehre es ihm kennen und Du hast ihm dann für sein Leben als ein Ganzes die sicherste Grundlage gegeben. Wo Ganzheit ist, ist Leben, mindestens Lebenskeim, wo Getrenntheit ist, und sei es auch nur Halbheit, ist Tod, mindestens der Keim des Todes.

Merkwürdig und höchst beachtenswert ist für die Familie besonders das Verhältnis von Großvater, Großmutter, Vater, Mutter und Kind (in Beziehung auf die ersten Enkel). Im Verhältnis seiner Eltern zu seinen Großeltern sieht das Kind sich im Spiegel; denn wie es als Kind zu seinen Eltern steht, stehn seine Eltern zu seinen Großeltern. Die Eltern dagegen sehen **sich** im Verhältnis zum Kinde, wie sie dessen Großeltern im Verhältnis zu sich schauen. Dieses mehrfache Doppelverhältnis sich hier in der Zahl fünf aussprechend, ist gewiss da, wo es sich ausgeprägt findet, für das Leben und die Entwicklung des Kindes höchst wichtig. Diese Wichtigkeit, und das Hindeuten auf dieselbe in der Familie, hat der Künstler gewiss im Auge gehabt, als er uns vielfach ein in fünf gegliedertes Lebensganze darstellt und selbst wieder in den blumigen Gestalten vorführt. In letzter Beziehung scheint dem Künstler vorgeschwebt zu haben, dass es als beachtungswert hervortritt, wie alle Kern- und Steinobstbäume und alle zu dieser Familie gehörige Gewächse in ihren Blüten immer die Zahl fünf ausprägen, als läge eben die besondere Genießbarkeit dieser Früchte in dem durchgehenden Gesetz der Fünfzahl gegründet.

19.
Mutter lieb und gut

20.
Beim Däumchen sag´ ich Eins

Beim Däumchen sag' ich Eins.

„Welche große Kunst das Zählen ist,
Nein! der Mensch es nicht ermisst;
Welche Kunst, er ahnet's kaum,
Sich zu finden in dem Raum.
Ja, das richt'ge Zählen
Lehrt uns Rechtes wählen,
Lehrt uns Schlechtes meiden;
Gibt so echte Freuden."

Beim Däumchen sag' ich Eins,
Beim Zeigefinger: Zwei,
Beim Mittelfinger: Drei,
Beim Ringfinger: Vier,
Beim kleinen Finger Fünf ich sage.
Hab' in's Bettchen all' gelegt,
Schlafen, keines sich mehr regt;
Still, dass keins zu früh erwache.

Beim Däumchen sag' ich Eins.

Erklärung der Randzeichnung.

Den Daumen lege ich in natürlicher Lage, den Nagel etwas nach oben gekehrt, an den Zeigefinger; beim Zählen und Nennen jedes folgenden Fingers lege ich den genannten Finger gestreckt in die flache Hand, doch so, dass (wie die Zeichnung zeigt) die beiden Glieder derselben nicht über die Daumenspitze vorgezogen werden und nun die Faust ein schönes Ganze bildet, woran sich das Kind nach Maßgabe des Liedchens in jedem Finger ebenfalls ein Kindchen und in jedem Nagel des Fingers gleichsam das Gesichtchen des Kindes sich denkt; so gedacht, hat der Künstler die Hand oder vielmehr die Kinderchen, welche durch sie dargestellt werden sollen, aufgefasst.

Ruhe, Schlaf ist der Ausdruck des Ganzen, die Mohnblumen schlafen, wie die 5 Vögel im Baume; doch im Schlafe ruht nur das schlummernde Leben, wie in der Zahl und im Zählen die schlummernde höhere Bedeutung und Lebenswichtigkeit; was wäre ein Gedicht ohne Zahl, Maß und Zählen, d.h. ohne das messende, zählende Gefühl des Dichtenden; was würde die schönste Musik, was würde das erhabenste Oratorium werden ohne Zahl und ohne den richtigen zählenden Sinn, ohne das richtig zählende wie auch unbewusste Fühlen der Vortragenden?

Verzählst Du Dich in einem Tage, einer Stunde, was kann es Dir für Dein ganzes Leben schaden, nicht und nie wieder oder nur kärglich, wenigstens immer nur wieder mit Aufopferung, wenn auch eines Geringeren, ist der Verlust nachzuholen. Dies scheint das Kind auch zu ahnen, denn wer weiß nicht, wie gern es zählt, und welche Wichtigkeit in seinem späteren Jugend- und Spielleben das sogenannte Auszählen hat; wir müssen darum früher suchen seinem Zählen und seiner Zahllust wahre Bedeutung zu geben, sie ihn ganz besonders in den Naturgegenständen, in ihren Zahl- und Formengebilden finden und auffassen lassen.

Das Fingerklavier.

———

„Was das Kind mit Augen sieht,
Freut zu hören das Gemüt.
Vieles doch zum Menschen spricht,
Hört's das äußre Ohr auch nicht:
Musst dies früh dem Kindchen lehren,
Willst Du Lebensfreud' ihm mehren."

Schau doch, Kindchen! hier,
Die Hand ein schön Klavier:
Wie vom Druck der Finger sinkt,
Gleich ein schöner Ton erklingt:

```
*) 1La, 2la, 3la, 4la, 5la; 5La, 4la, 3la, 2la, 1la.
   1La, 2la, 3la, 4la;
        2La, 3la, 4la, 5la; 5La, 4la, 3la, 2la;
                      4La, 3la, 2la, 1la.
   1La, 2la, 3la;
        2La, 3la, 4la;
             3La, 4la, 5la; 5La, 4la, 3la;
                      4La, 3la, 2la;
                           3La, 2la, 1la.
   1La, 2la;
        2La, 3la;
             3La, 4la;
                  4La, 5la; 5La, 4la;
                       4La, 3la;
                            3La, 2la;
                                 2La, 1la.
   1La,      3la;
        2La,      4la;
             3La,      5la;   5La,      3la;
                                 4La,      2la;
                                      3La,      1la.
```

———

*) Die Ziffern bezeichnen die Töne und ihre Entfernungen.

Liedchen dazu.

1 5   2   4   3 5 3
Fröhlich spielt mein Kind allein,
5 3 4 2 1 3 1
Singt ihm doch ein Liedchen fein.

*

1 1 3 2 1   5 2 3
Wie des Lerchleins Lied erklingt,
2 2 5 5 54 34" 5
Gleich es seine Flügel schwingt;
3 2 4 3 5 4 3
So das Fingerspiel sich regt,
2 3 54 32 1 32 1
Wenn Gesang das Herz bewegt.

.*.

1 1 2   2 3 3 4
Sinnig spielt mein Herz in Ruh.
5 5 4 4 3 2 1
Singt ihm doch ein Lied dazu.

*

5 3 2   1 2 3 2
Meines Kindchens Fingerlein
4 2   1 2 3 4 3
Sind noch schwach und sind noch klein:
2 2   4   3 5 4 3
Dennoch, schaut! schon spielt es schön,
2 3 4 2 1 32 1
Liedchen will das Spiel erhöh'n.

.*.

1 2 3 1 3 4 5   5
Finger gehen auf und ab,
5 4   3 43 2 32 1
Bald in Schritt und bald in Trab.

***

Das Fingerklavier.

Erklärung der Randzeichnung.

Die Finger der linken Hand der Kinderpflegerin, am liebsten der Deinen, teure Mutter, oder auch später die Deines Lieblings, liegen gleich Klaviertasten mehr waagrecht, so dass die Knöchelgelenke einen fast rechten Winkel bilden und die Finger dadurch eine gewisse Schnellkraft bekommen. Die Finger der rechten Hand drücken sie nach Art des Klavierspielens nieder.

Was beim vorigen Spielchen hervorgehoben wurde, tritt bei diesem sogleich auf einfachster und erster Stufe für das Kinderleben in Anwendung ein: die Wichtigkeit und die Bedeutung des Zählens beim Gesang und Lied, und zwar in doppelter Beziehung, als Messer der Mehrheit und als Messer der Höhe und Tiefe; hier als Ordner der Singweise, dort als Ordner des Bewegungsgesetzes und vor allem der Gliederung der Bewegung, welche man Takt nennt.

Nun weißt Du aber wie wichtig für das Leben wie die Kenntnis des Bewegungsgesetzes, so die Ordnung der Bewegung ist; wer das letzte in all' seinen Geschäften kann, den nennt man den Menschen von Takt, von richtigem, feinen Takt. Möchtest Du nun wohl, sorgsame Mutter, in der ersten Pflege Deines Kindes etwas verabsäumen, was es später zu einem Mann von Takt, wodurch es sich sogar schon zu einem Kinde von richtigem und feinem Takt ausbilden könnte? Bilde darum frühe dein Kind für Gesang aus, Du siehst, welches hohe Kleinod Du dadurch in demselben weckst, Du ihm zum Eigentume verschaffst. Und dazu empfängst Du, gleichsam als Zugabe die Ausbildung für Gesang, mindestens für echte Würdigung desselben. Eine deutsche Erzieherin, die an uns Deutschen, besonders im Vergleich mit den Italienern, Mangel an Gehörbildung und besonders Mangel an Bildung der Gesangsorgane rügt, findet den Grund dazu in dem Mangel an entsprechender früher und genügender späterer Ausbildung unserer kleinen Kinder für Gesang; genug an dem großen Mangel wahren und freien Gesanges in unserer Kinder- und Jugendwelt.

Allein noch höher ist die innere Ton- und Gesangsausbildung, wo des Menschen inneres Ohr harmonischen Einklang vernimmt selbst da, wo das äußere Ohr nichts hört, wo es in sich das Ebenmaß wie die Verwirrung hört, welche das äußere Auge bloß sieht. Wie so wichtig ist's, frühe dafür in dem Menschen mindestens die Keime zu wecken; entwickeln und gestalten sie sich auch nicht zu selbstständigen Lebensgebilden, so lehren sie doch wenigstens die Anderer zu verstehen und anzuerkennen; Lebensgewinn genug; es macht ja das eigene Leben reicher, macht es, - o! hielten wir dies doch alle für unsere Lieblinge fest, wenn es für uns zu spät ist – um das Leben der Anderen reicher. Und wo und wie wäre unser irdisches Leben lang genug, unser

Wesen in seiner Allseitigkeit und Tiefe gleich vollendet gestaltet auszubilden? – nur dadurch können wir es, dass wir das, was wir gestalten und ausführen möchten, im Spiegel des Fremdlebens erkennen und würdigend anerkennen. Und so soll es sein, denn die ganze Menschheit soll durch Erkennung, Achtung, würdigende Anerkennung den ganzen gottähnlichen Menschen in Einklang darstellen.

Soll ich nun noch ein Wort über das liebliche Bildchen selbst sagen! Du, sinnige Mutter, machst Deinen Liebling gewiss all' das Liebliche hören, was er auf dem Bildchen sieht; das ganze Bild ist ja nur eine Musik; wo wäre ein Gegenstand, der nicht mit tönte oder welcher nicht den Tönen lauschte? – Die Kornähren und Halme singen leis das Lied des Sängers mit, welchem die Lerche zwischen ihnen lauscht, dem Bienchen in der Kornwinde ist süßer ihr Duft und vor Freude erzittern mitsummend ihre Flügel. Das buntfarbige Vöglein oben im laubigen grünen Baume hat sich recht über die Quelle und den Strom der Töne gesetzt, dass ihm auch nicht eine sanfte Welle davon verloren gehe; der goldige Vogel im Käfig schlägt und schmettert zu Zeiten laut darein, als sagte er: „erkennet auch im Kleinen des großen Schöpfers Macht."

Aber wie lieblich tönt das zarte Spiel der beiden Geschwisterchen; keines weiß vom andern etwas, aber beide sind in die Harmonien ihrer Liedchen versunken. Das nenne ich Lebenseinklang! schöner hätte ihn der Künstler nicht darstellen können; die beiden Vögelchen über dem Knaben sind aber auch so nahe als nur möglich gerückt, dass sie recht lauschen können; aber der alte Musikmeister über dem Knaben, kann es doch nicht lassen – man hört ihn ja – leis die Melodie mit zu zwitschern und das schöne Bewegungsgesetz durch seine Flügel sichtbar zu machen; selbst der dickohrige Käfer verlässt sein Blatt, an dem er nagte, dass er den Musizierenden näher komme; das nenne ich Musik! Die Farben sagen: da bleiben wir auch nicht zu Haus. Und wo wäre eine Gestalt, die lauschend den Tönen, nicht in Farbe erglühte! – Mit Gold malen sie die Ähren und mit Gold die Halme, erdfarbig die Lerche, dass die Nachstellung die Sängerin des Äthers in ihrer schützenden Furche nicht finde, die treue Feldwinde blau, und braun das häusliche Bienchen; vor allem aber rosig die Wangen der lieblichen Kinder, braun das Haar des lockigen Knaben, und flachsfarbig die Haare des blauäugigen Mädchens. Alles umschließt der ätherische, bläuliche Schleier, aus welchem die Laubfülle zum gelben Sonnenlichte ihr Blau in vollen Zügen saugt, dass der Hoffnung Grün der Erde Kinder schmücke. Der Käfer brummt:

„Und ihr Farben, ihr konntet mich mit meinem palletartigen Rücken vergessen?" und im bunten Gemisch, wie auf dem Farbenbrette verbunden, fliegen die Farben hin auf des Käfers breite Flügel.

21.

Fingerklavier

M.M. ♪ = 132.

M.M. ♩. = 76.

M.M. ♩ = 76.

Die Geschwister ohne Harm.
Wenn's Kindchen schläfet ein
Und faltet sein Händchen klein.

„Mutter! fühl's dann tief, daß Einer wacht,
Wenn auch Alles schläft in dunkler Nacht;
Glaube, daß durch Gutes, was Du denkst,
Du zum Guten früh Dein Kind schon lenkst;
Und nichts Bess'res kannst Du ihm ja geben,
Als es machen fühlen, dass es leb' im ein'gen
Leben."

Sieh hier die Geschwister ohne Harm,
Sie sinken einander sanft Arm in Arm;
Sind müde von des Tagsgeschäfte,
Und wollen sammeln neue Kräfte.
Doch ehe sie nun schlafen ein,
Ihr Leben sie befehlen fein,
Dem Lebensgeber ganz allein,
Der Vater ihnen und Schutz mög' sein;
Dann schlafen sie ein in guter Ruh.
Der für alle wacht,
Hat nun auf sie Acht,
Schließt ihnen dann sanft die Äuglein zu;
Nun Kindchen, Du mein, ein Gleiches auch tu,
Und schlafe, schlafe in süßer Ruh.

Die Geschwister ohne Harm.

Erklärung der Randzeichnung.

Die Handstellung bei diesem Kinderliedchen ist ganz einfach, vollständig stellt sie die Zeichnung auf dem Bilde dar; zu bemerken ist dabei nur noch, dass das Ineinanderschließen der Finger langsam, nach und nach, in Übereinstimmung mit dem Inhalte und Fortgange des Liedchens geschehe.

Zu dem zartesten, doch auch zugleich wichtigsten und schwierigsten Gegenstand früher Kindheitpflege, gehört gewiss die Pflege des innersten und höchsten Gefühls-, Gemüts- und Ahnungslebens des Kindes, aus welchem später alles Höchste und Heiligste des Menschen- und Menschheitslebens, so zuletzt das religiöse, das mit Gott einige Leben im Gemüte, Denken und Handeln hervorkeimt, sich hervorentwickelt.

Wann und wo beginnt es? so fragten wir uns früher. Es ist damit wie mit den Pflanzen- und Samenkeimen im Frühling: sie sind lange vorher da, ehe sie äußerlich sichtbar sind; es geht damit, wie uns die Sternkundigen von den Sternen berichten, sie leuchten lange schon im Himmelsraume, ehe in unser Auge ihre Strahlen fallen.

Also wann und wo diese gotteinigende, religiöse Entwicklung im Menschen, im Kinde beginnt, wissen wir nicht; kommen wir nun mit deren Pflege zu früh, so ist es wie mit einem Samenkorn, welches wir zu früh und zu stark der entwickelnden Sonne oder der nährenden Feuchtigkeit aussetzen, beides verletzt mindestens den zarten Keim; kommen wir zu spät und zu schwach, so trifft uns gleiches Ergebnis. Was nun zu tun?

Wie erscheint inneres, religiöses Leben äußerlich? – Oder, an welche äußere Erscheinung knüpfen wenigstens wir das innere Dasein des religiösen Lebens, ja an welche äußeren Erscheinungen sogar die Weckung, die Entwicklung, den höchsten äußern Ausdruck innersten religiösen Lebens? – Knüpfen wir nicht sämtlich diesen Ausdruck an ein Zusammenlegen, Zusammenfalten der Hände? – Allein was hat nur immer dieses Zusammenlegen, dieses Falten der Hände, dieses zufällige Verhältnis der Hände mit unserm inneren religiösen Leben für eine Verknüpfung? – Wie kann ein so zufälliges Äußeres in notwendiger Verknüpfung mit dem Inneren, sogar mit dem Innersten und Tiefsten im Menschen stehen? – Denn in notwendiger Verknüpfung müssen sie stehen. Und wäre dies, so müssten sie als wesentlich dasselbe Gleiche, Gemeinsame haben. Kann nun wirklich bei einem so äußerlichen Gegenstande, als es das Falten der Hände ist, und bei einem so höchst innerlichen, als der genannte Seelen-, Gemüts- und Geisteszustand ist, dies der Fall sein? Und wenn es wäre, was könnten sie gemeinsam haben?

Die **Sammlung** ist es, was beide miteinander gemein haben. Das **Falten** und **Zusammenlegen der Hände,** in welcher der verschiedensten Formen es auch immer geschehe, ist deshalb keineswegs zufällig, nein! es ist sogar räumlich und leiblich, als äußerer menschlicher Ausdruck innerer Sammlung, in der gesamten menschlichen Natur tief begründet! ja, es ließe sich dies wohl noch weiter und tiefer nachweisen, was aber hierher nicht mehr gehört. Genug, das Zusammenfalten der Hände ist kein zufälliger Ausdruck tiefster und innerster (religiöser) Sammlung des Lebens und Gemütes.

So und dadurch nun haben wir für die äußere Erscheinung der innersten Lebenssammlung (auf welcher Stufe der Stärke und Ausbildung, das gehört hier noch nicht her) einen bestimmten Ausdruck und somit auch für die Pflege, ja sogar für die weitere Weckung derselben, einen äußern Anknüpfungspunkt; denn wer hat nicht bemerkt, dass die lieblichen kleinen Engelskinderchen, auf einer gewissen Entwicklungsstufe, gern ihre Händchen zusammenlegen, ja falten, und auch immer dann, wenn sonst der gesamte Ausdruck ihres Lebens der, der inneren Lebenssammlung ist. Und nachteilig kann die zarte Pflege dieser inneren Lebenssammlung nicht wirken, denn alle Erstarkung wie alle Entwickelung fordert und bedingt innere Lebenssammlung. An diese Überzeugung knüpft nun auch dieses Kinderliedchen mit seinem Motto an; denn natürlich ist es, dass Du, edle Mutter, die Sammlung des Gemütes, pflegend und heilig haltend, in Dir trägst, welche Du auch in Deinem Kindchen zu pflegen, Dir zur Pflicht machst. Dass die Fingerchen als Kinderchen, ja als Geschwisterchen angeschaut werden, wurde schon früher angebahnt, und dass die Kinder ihr eigenes Leben, selbst ihr innerstes Gemütsleben, lieber im Spiegel eines Fremdenlebens und so für sich zum Gewinn, keineswegs aber zum Nachteile schauen, ist ebenfalls schon früher angedeutet worden. Und so, Mutter, lasse Deinen Liebling, wenn er so weit entwickelt ist, nur still auf dem lieblichen Ausdruck der herzigen Kinder und der frommherzigen Mutter weilen.

22.

Die Geschwister ohne Harm

M.M. ♩. = 50.

23, 24, 25, 26, werden in Fröbels Original gesprochen.

Die folgenden Lieder **22a, 23, 24, 25 und 26** sind von **Michael Grübler** realisiert worden.
Sie werden Ihnen hier erstmalig präsentiert.

Die lieben Geschwister

Originaltitel: Die Geschwister ohne Harm*
"Mutter-, Spiel- und Koselieder" Nr. 22a

Michael Grübler

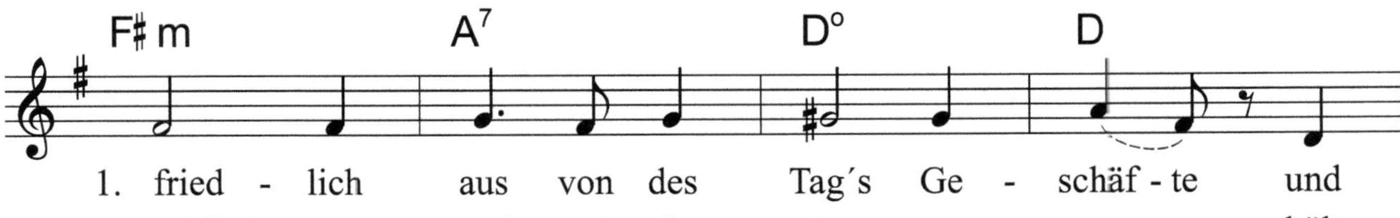

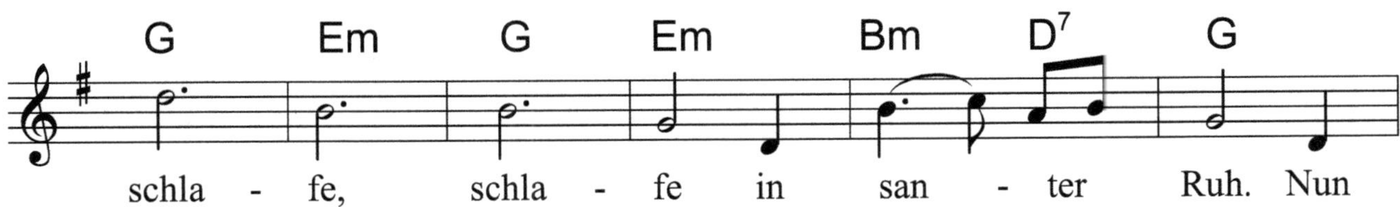

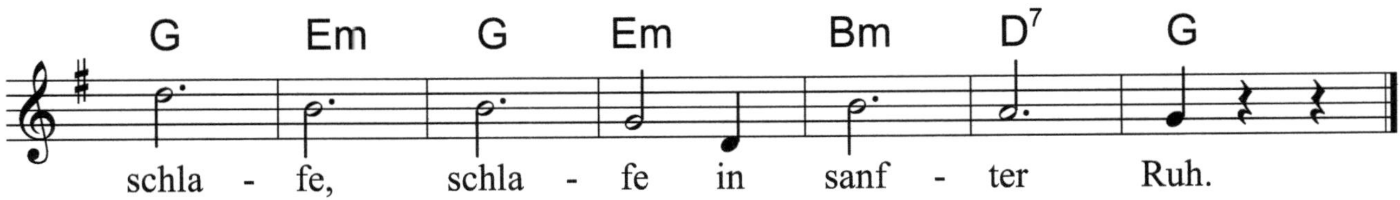

* Harm: veraltet Leid, Sorge, Kummer

Die Kinder auf dem Turme.

„Was einzeln Du mit Deinem Kind gespielet,
Verbind' es auch zu einem Ganzen schön;
Wohl freut es uns, wenn's Kind alleine spielet,
Doch mehr, wenn wir im Spielverein es sehn.
Ein einzeln Blümchen wohl das Kind beglücket,
Doch mehr der bunte Blumenkranz entzücket.
Durch alles dies das Kind schon ahnen kann,
Das Kleinste auch gehört dem Ganzen an."

Zwei Hände und acht Fingerlein,
Dazu zwei Großmütter, die Däumelein,
Die haben lang sich nicht gesehn,
D'rum woll'n sie sich besuchen gehn.
Wie sie zusammen kommen,
So sagen sie: Willkommen
Willkommen! Willkommen!
Sie grüßen sich,
Sie neigen sich,
Sie reichen sich behende
Einander schön die Hände.
Erzählen sich nun allerlei:
Vom Körbchen, vom Nestchen und von dem Ei;
Vom Täubchen in dem Taubenhaus,
Wie sie fliegen d'rin ein und aus;
Und auch vom lieben Fischlein klein,
Wie sie schwimmen so lustig und fein.
Dann noch von der Kugel und dem Ball,
Und wie sich nennen die Spielchen all.
Doch, was soll nun nach dem Erzähl'n geschehn?

Die Finger sagen: Auf den Turm
            woll'n wir gehn,
Da kann man gar weit um sich sehn,
Da ist 's so schön, so schön, so schön!
Die Däumchen sagen: Wir bleiben
            zu Haus,
Wir gehen lieber ins Kirchenhaus.
Die Fingerchen steigen den Turm hinan,
Dass man sie kaum noch sehen kann.
Sie steigen so hoch, so hoch, so hoch!
Da – fall'n sie in ein tiefes Loch. –
Der Turm zerschlägt das Kirchenhaus,
Doch, die Großmütterchen kommen
            lebendig heraus.

Und sehet doch!
Ei! sehet doch,
Auch die Fingerchen leben noch;
Sie steigen heraus aus dem tiefen Loch.
Sie danken und loben und beten fein,
Und sagen: - achtsamer woll'n wir
            künftig sein.

Die Kinder auf dem Turme.

Erklärung der Randzeichnung.

Wie das Motto zu diesem Spielchen schon sagt, so ist es eine Zusammenfassung aller bisherigen Hand- und Fingerspiele, Handverknüpfungen und Haltungen, mit der beim Patschekuchen beginnend; nur, dass sie Anfangs bis zu den Worten: „Wie sie zusammen kommen" auseinander gehalten werden, und nun erst zusammen klatschen. Alle weiteren Handstellungen gehen leicht aus dem Liedchen und dem früheren hervor. Die Stellung der Finger, wie die Großmütter in die Kirche gehen, stellt die Zeichnung links, und wie sie alle loben und danken, stellt die Zeichnung rechts und die betende, faltende Handstellung ist bekannt, doch zeigt sie ja auch die vorstehende Zeichnung.

Die vier sinnigen Zusammenstellungen erklären sich so leicht selbst, als Du sie leicht Deinen fragenden Kindern erklären wirst. Unten zur linken ist der Fingerbesuch, an ihrer Spitze die beiden Großmütterchen. Auf dem zweiten Bilde rechts unten erzählen sich die Kinder vom Körbchen, Nestchen, Ei, Taubenhaus, Kugel, Ball; die beiden Großmütterchen freuen sich von oben herab des freundlichen Spieles der Kinder. Das dritte Bildchen zeigt das Gehen der beiden Großmütter in die Kirche und das Steigen der Kinder auf den Turm. Das vierte Bild oben rechts, den in sich zusammengesunkenen Turm und das dankende Herauskommen der Geschützten. Jede weitere Beachtung und Benutzung des Ganzen zur Pflege des inneren Lebens Deines Kindes liegt, in Verbindung mit dem Vorgehenden, Dir, sinnige Mutter, so nahe, dass eine weiter ausgeführte Hervorhebung desselben für Dich gewiss nur beengend sein würde.

Kletterliedchen

Originaltitel: Die Kinder auf dem Thurme
"Mutter-, Spiel- und Koselieder" Nr. 23

Michael Grübler

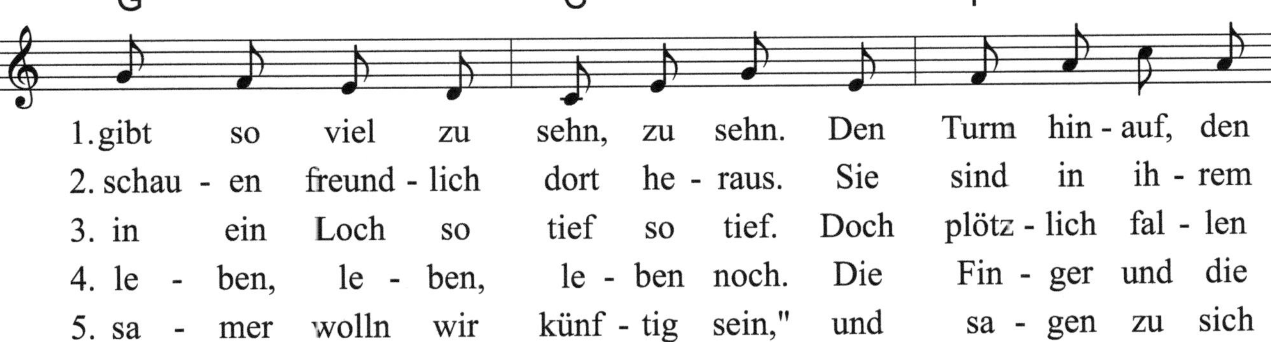

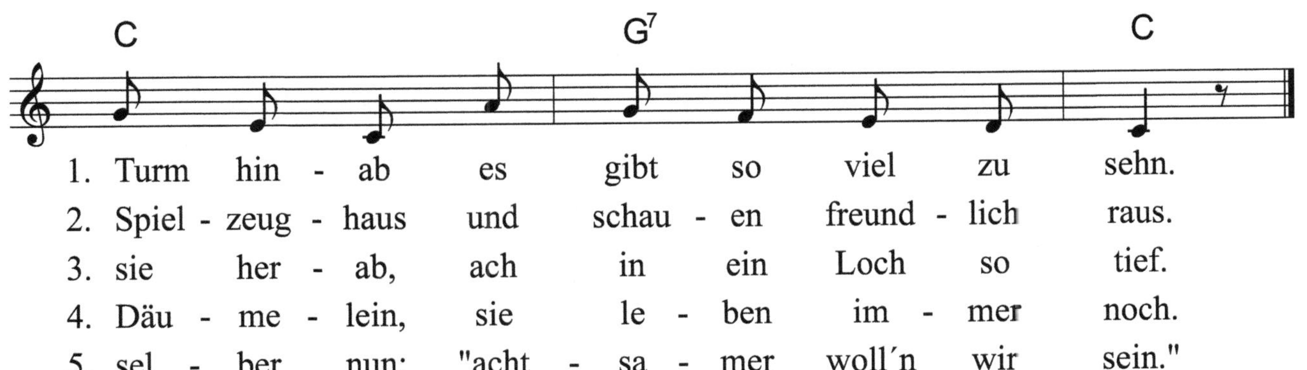

Als Fingerspiel konzipert und im Kindergarten erprobt

Das Kind und der Mond!

Komm, Kindchen! Schau den Mond,
Der dort am Himmel wohnt.
„Komm Mond, komm doch geschwind
Hierher zum lieben Kind!"
„Wohl käm ich zu Dir gern,
Doch wohn ich gar zu fern,
Kann aus dem blauen Haus
Hier oben nicht heraus.
Weil ich kann kommen nicht,
Send ich mein helles Licht;
Um's Kindchen zu erfreun,
Schick ich den milden Schein;
Und bin ich auch nicht nah,
Bin ich in Lieb' doch da.
Sei, Kindchen, nur recht fromm,
Von Zeit zu Zeit ich komm',
Und freundlich ich dann schicke,
Dir meine Liebesblicke;
Wir grüßen uns dann beide,
Gemeinsam uns zur Freude."
„Leb wohl, leb wohl! mein Mond
Mit Liebe, Liebe lohnt."

Du guter Mond

Originaltitel: Das Kind und der Mond
"Mutter-, Spiel- und Koselieder" Nr. 24

Michael Grübler

* Je nach Singbarkeit!

Das Kind und der Mond.

Erklärung der Randzeichnung.

Fast nichts ist da zu sagen nötig; welche Mutter oder Kinderpflegerin kennt nicht in dem Kinde den starken Zug zu dem, oft alles Leid vergessen machenden Anblick des Mondes. Es ist dies der Ausdruck unsers Gemütszuges im späteren Leben zum Anblick des höheren Lichts und zum Leben in demselben, von demselben umflossen, welches auch uns alles irdische Leid vergessen macht.

Dieses kleine Liedchen sollte nun nur Dir, sinnige Kinderpflegerin, einen kleinen Beitrag geben, jenen gewiss bedeutungsvollen Zug in Deinem Kinde, seinem Bedürfnisse gemäß, früh zu beachten, früh zu pflegen.

Der kleine Knabe und der Mond.

„Warum scheinen Dinge, in dem Raume fern,
Anfangs wohl dem kleinen Kind so innig nah?
Warum wünscht, ersehnt das Kleine wohl so gern,
Daß das Ferne zur Verein'gung wäre da?
Was mag, Mutter! uns wohl dies vom Kinde lehren?
Dass wir sein Entfalten fördern und nicht stören.
Dass, eh sich die Dinge in dem Raume von ihm winden,
Es die Ein'gung zwischen sich und ihnen möge finden;
Dass die innre Einigung zu pflegen, zu erkennen,
Ehe äußerlich die Dinge sich vom Kinde trennen.
Lass durch solch' Beachten uns dem Kind bereiten
Eine feste Leiter, sicher fortzuschreiten.
Darum stört das Kindlein nicht in seinem süßen Traume,
Sich mit Allem Eins zu fühl'n im großen Weltenraume;
Wo's noch froh den Arm entgegenstreckt dem Himmelslicht,
Wo's noch keine Schranke kennt,
Die es von dem Himmel trennt;
Drum in diesem seel'gen Traume stört das Kindlein nicht."

„Mutter! Mond gehn!" Sprach das
            Kind auf Mutterarme,
Weit ausstreckend sehnend seine
            kleinen Arme,
Als am klaren Himmel es den
            Vollmond sah;
Denn es glaubte sich demselben
            völlig nah.
„Eine Leiter müßte sein, zum Mond
            zu steigen,
Wollten wir so hoch dort oben ihn
            erreichen!"
Gleich das Kindchen bei der Mutter
            sicherm Wort
Nach der nahen Schopfe, als der
            Leiter Ort,
Seine Arme wendet, und vertrauend
            sagt:
(Denn zum Mond zu gehen ihm gar
            sehr behagt)
„Leiter holen!" Und fest war sein Sinn
Zum Besuch des Mond's gewendet hin.

Der anderthalbjährige Knabe und der Mond.

Erklärung der Randzeichnung.

Ihm liegt die im Liedchen einfach wieder gegebene einfache Geschichte aus dem wirklichem Leben eines Knaben des angegebenen Alters zum Grunde. Das Motto, Mutter, möchte den höheren sinnbildlichen Sinn dieser oft im Kinderleben, namentlich im Knabenleben wiederkehrenden Erscheinung deuten. Besonders drängt sich aber wohl auch aus dieser Erscheinung die Bemerkung entgegen: wir sollten viel mehr als es geschieht, der Kinder Beachtung und Wohlgefallen am Monde, am nächtlichen und gestirnten Himmel sinnig pflegen, und die Betrachtung desselben nicht gleich in ihrem Beginne in das Gestaltlose und gleichsam Leere des Anstaunens zurück sinken lassen; sondern recht sorglich dazu benutzen, um ihnen dadurch teils richtige Anschauung und Auffassung des Mondes und des gestirnten Himmels z.B. von ersterem die oft so klar zu sehende Kugelgestalt und gleichsam sein Schwimmen im Äther bemerkbar zu machen; teils aber besonders sie früh dahin zu leiten, im Anschauen des gestirnten Himmels das Wesen seines Schöpfers zu fühlen, es zu empfinden, zu lesen; in einem Alter auffass- und lesbar zu machen, wo das Kind in der äußeren Erscheinung so gern das innere einigende Leben erschaut, wie die nächstfolgende Darstellung abermals so bestimmt ausspricht.

Das Kind fasst bei seinen ersten Anschauungen und Betrachtungen von Naturgegenständen, deren Wesen es doch noch nicht begreifen kann, die wahre wie die falsche Erklärung von dem Erwachsenen gleich gläubig auf und fällt ihm die Auffassung der einen wie der andern, wenn sie anders beide sich auf Sachanschauung zurückbeziehen, gleich leicht und gleich schwer; und so wird gewiss dem Kinde in seiner Anschauung und Auffassung im Beginn gar nichts erleichtert, ob man ihm den Mond als einen Mann oder als einen schönen, leuchtenden, schwimmenden Ball; ob man die Sterne als goldene Pfinnen oder brennende Lichter, oder aber als hellglänzende Sonnen , die aber so klein erscheinen, weil sie so entfernt von uns sind – kennen lehrt und bezeichnet; während die erste Vorstellung ungeachtet ihres scheinbaren Lebens eine tote ist, die letztere aber den Grund einer lebendigen, zur inneren gründlicheren Einsicht führenden Fortentwicklung in sich trägt. Warum soll man nun die letztere dem Kinde nicht zugänglich machen, vielleicht gar entziehen. Wahrheit schadet nie, aber Irrtum immer, selbst wenn er später zu Wahrheit führt.

Der kleine Knabe und der Mond

Originaltitel: Der kleine Knabe und der Mond
"Mutter-, Spiel- und Koselieder" Nr. 25

Michael Grübler

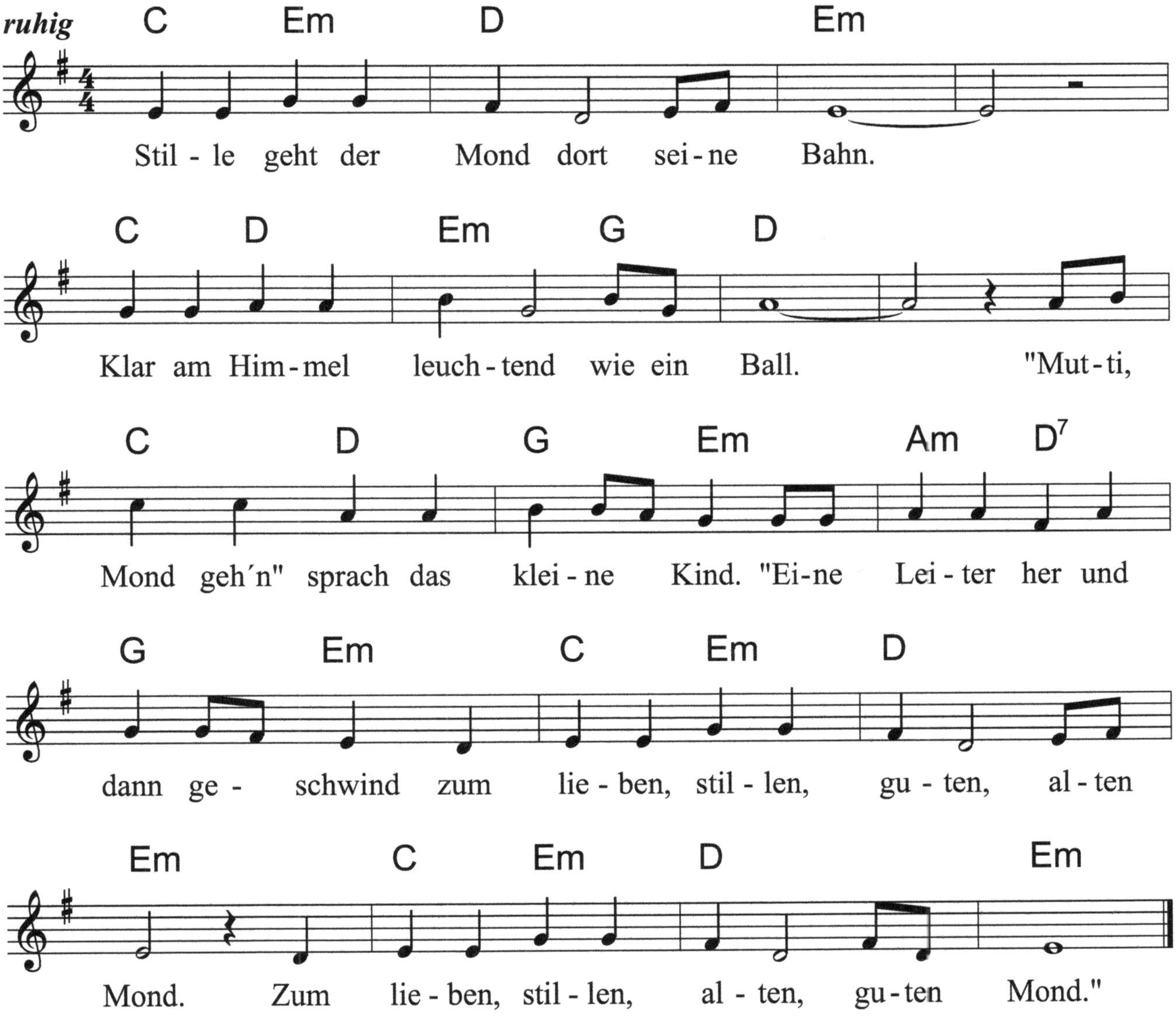

Das kaum zweijährige Mädchen und die Sterne.

Was auch nur immer das Kindchen umgibt ,
Menschlich Verhältnis in Allem es liebt;
Wovon sein Herzchen es fühlet erfüllt,
Davon ist ihm auch das Leben ein Bild.
Eltern, wollet ja des Kindes Sinn nicht stören,
Soll es künftig Eurer Liebe Lehre hören.
Denn nur dadurch wird das Handeln ihnen wichtig;
Dadurch werden Kinder einzig Lebens-tüchtig,
Wenn sie klar und innig das Gefühl durchdringt,
Was in Allem still mit Kraft hervor sich ringt:
Was in Allem leis, doch treu, sie wirken sehen,
Das sei Eines Geistes liebend schaffend Wehen.
Innig einig schauen sie darum in 's Leben,
Inn'ge Liebe soll es ihnen wiedergeben.

Am klaren Abend Kindes Augen auf zum Himmel blicken,
Zwei große Sterne leuchtend ihm von dort entgegen nicken.
„Vater = Muttersterne!" rief 's vor Freuden;

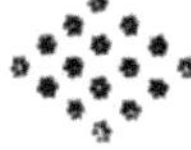

Mutterworte so ihm dieses deuten:
„Wohl richtig will Dir deuchten
Der Doppelsterne Leuchten:
Was sie so strahlend zeigen,
Ist ihrer Liebe Neigen;
In friedig-freud'gem Handeln
Siehst Du sie stille wandeln.
Doch schaue auch umher
Der kleinen Sterne Heer,
Der Doppelsterne Kinder,
Sie strahlen zwar wohl minder,
Doch immer hell und rein,
Dass klar die Nacht mög' sein;
Sie strahlen hell und mild
Der lieben Eltern Bild.
Wie sie dort leuchtend wandeln,
So sei hier unser Handeln.
Drum sind die Sterne mild
Hier unsers Lebens Bild."

Das zweijährige Mädchen und die Sterne.

Erklärung der Randzeichnung.

Mit dieser Darstellung und diesem Liedchen hat es die fast gleiche Bewandtnis wie mit dem vorhergehenden; nur hier in Beziehung auf ein Mädchen und auf zwei Sterne. Die zwei, zu Zeiten am Abend- und nächtlichen Himmel gemeinsam glänzenden, dortmals dicht zusammenstehenden Planeten waren es. Wer kennt nicht der Kinder Trieb, ja Bedürfnis in allen Dingen menschliches Verhältnis zu sehen. Aber höchst auffallend war der Beachtenden jene Kindesäußerung, weil Niemand sich erklären konnte, wie das Kind zu dieser Ideenverknüpfung und Erscheinungsvergleichung gekommen sein mochte.

So viel ist es gewiss, dass es für Kinder gemüts- und lebensstärkend ist, jenen Trieb so lange und so langsam zu pflegen als möglich, damit sich in ihnen das Gefühl erstarke und entfalte, welches das Motto hervorhob:

> „Ein Geist ist 's, der da lebet und wirket in allem."

Der Sterne Licht

Originaltitel: Das kaum zweijährige Mädchen und die Sterne
"Mutter-, Spiel- und Koselieder" Nr. 26

Michael Grübler

Lichtvöglein an der Wand.

Die Mutter zu dem Kinde spricht:
„Mein liebes Kind vergiss es nicht,
Nicht Alles, was Du siehst,
Auch gleich zu greifen ist."

Kind:
Lieb Vögelein! Lieb Vögelein!
Lieb Vöglein an der Wand,
Halt mir doch einmal Stand!
Lass dich doch von mir greifen!
Musst nicht umher so schweifen!
Lieb Vöglein an der Wand,
Halt mir doch einmal Stand!
Mutter:
Das Vöglein ist nur heller Schein,
Den können nicht greifen die Händchen klein,
Der will mit Äuglein erfasst nur sein,
Durch sie erfreut er das Herzchen rein.
So ist es im Leben bei vielen Gestalten,
Sie lassen sich fest mit der Hand nicht halten;
Doch fasset sie leicht ein zarterer Sinn,
Und beiden ist es dann hoher Gewinn.

Das Lichtvögelein.

Erklärung der Randzeichnung.

Wie der Mensch ein inniges und ungestücktes, wenn auch in sich gegliedertes Ganzes ist, so nimmt sich auch das Kind frühestens und zuerst in dieser Unvereinzeltheit und Ganzheit seines Wesens wahr, ehe es, zur Beachtung des Einzelnen und Gesonderten, aus sich heraustritt. Es ist aber auch für das ganze Leben für die innere und äußere Entwicklung des Kindes höchst wichtig, dass es in dieser Auffassung und Anschauung der Einheit und Ganzheit des Lebens recht fest, dass sie ihm recht lebendig werde, ehe es in die Beachtung und Pflege des Besondern und Einzelnen herabsteige; und so zeigt und will es ja auch das Leben des Kindes.

Glieder- und Sinnentätigkeit erscheinen in ihrem Berufe so verschieden, und sind es auch; dennoch ist keine von beiden, welche nicht, besonders in der ersten Entwicklung auf die andere zurück wirke, so innig ist der Wechselverband; und es haben sich uns keine Gliederspiele, selbst nicht die Bewegung der Beine gezeigt, welche nicht zugleich auch den Gesichtssinn in Anspruch genommen hätten, ja wir mussten sogar in des Knaben Lust, zum Monde zu steigen, bemerken, wie die Erregung des Gesichtssinnes auf die der Körper- und Gliedertätigkeit des Kindes zurückwirkt; dass aber weiter das Kind, zugleich mit der Erregung des Gesichtssinnes, der des Gehöres bedürfe, ja fordert, siehst Du, sinnig und sorgsam beachtende Mutter, daraus: wie alles ganz anders auf Dein herziges Kindlein wirkt, wenn und wie Du es mit Wort und Ton begleitest, als wenn Du es ton- und wortlos mit demselben vornimmst; und wie, dem entsprechend, Du unmittelbar auch und ohne dass Du darüber nachdenkst, und ohne auch nur einen Augenblick daran zu zweifeln, Deinem Muttersinn und Gefühl getreu, sogleich alles, was Du mit ihm tust, mit Wort verbindest, und dieses wieder einkleidest in eigentümlich eingreifende Betonung.

Aber auch hier scheint, wenigstens Anfangs wieder die Vermittlung der Wort- und Tonauffassung und die Weckung, Entwicklung und Ausbildung des Gehörsinnes, durch den Gesichtssinn hindurch zu gehen. Ja dieses ursprüngliche in sich Eins- und Ungegliedertsein der Sinne geht Dir, Mutter, noch daraus hervor, dass Dein Kind Anfangs alles, was es in seinen Händchen fühlt und was es sieht, auch sogleich nach dem Munde führt, aber gar bald der Gesichtssinn, der Sehsinn, als Prüfer und Ordner, auch dieser, wie aller übrigen Sinnenwahrnehmungen hinzutritt; wie in dem Sehsinn recht eigentlich die Seele, das eigentlich Sehende des Menschen Wesens, oder vielmehr dessen Wesen als Sehendes und Seele Dir offen vorliegt; daher sagst Du ja: „durch Dein lieb' Auge, Kind! schau' ich in Deine Seele hinein;" und wir sprechen ja von einem seelenvollen, wie, in einer andern Beziehung und in höherer, geistiger Bedeutung, von einem gesunden Auge; von einem gesunden Auge und Sinn für das

Höchste und Wichtigste im Leben des Kindes; wir fordern den Gebrauch dieses Sinnes zu allererst vom Kinde: - „ach, Kind! sieh Dich doch auch vor!" – „Sieh doch um Dich, Kind!" und wir klagen über Mangel an dem Gebrauch dieses Sinnes! – „Du siehst und hörst auch gar nicht, mein Kind!" – darin sprichst Du nun unmittelbar aus, wie so höchstwichtig die Ausbildung des Gesichtssinnes, des Sinnes zu sehen, für das äußere und innere Wohl Deines Kindes, ist; wie recht eigentlich sie der wahre Mittelpunkt seiner Seelenbildung, als wieder der Quell- und Keimpunkt all' seiner Geistes- und Lebensbildung ist.

Siehe, liebe Mutter! so haben wir denn auch, mit gegenseitiger Verständnis und Klarheit, den Mittel- und Ausgangspunkt all' der Pflege Deines herzlieben Kindleins betreten, welche wir an der Hand dieser Mutter-, Kose- und Spiellieder demselben angedeihen lassen wollen, wir wollen es zur ungestörten, ungetrübten Entwicklung, zum ungestörten Gebrauch all' seiner Seelentätigkeiten, als eines in sich Einigen, erheben, wir wollen, ohne die Einheit und Einigkeit seines Wesens zu verletzen, ohne die Gesundheit seines Lebens zu stören, ohne die Wärme seines Fühlens zu erkälten, ja im Gegenteil diese Gesundheit und Lebenswärme durch Sammeln, durch Fühlen in sich festhaltend – Dein liebes Kind in der allseitigen und höchsten Bedeutung des Wortes sehend, sehend und fühlend machen; denn das Sehen, das gesammelte und somit All-Sehen , das mit Wärme, d. i. in Liebe und mit Liebe sehen, ist ja die höchste Eigenschaft des Wesens, ja selbst Gottes, der ewig vor- und fürsehenden Liebe. Mögest Du mir darum vertrauensvoll ferner den betretenen Weg, doch immer mit klarem Auge, mit tiefer, mit erweiterter Einsicht, besonders immer mit voller Seele folgen; denn es ist dies der Weg, welchen wir von nun an durch das ganze so einfache als große Gebiet der Kindheitpflege, der Pflege und Beschäftigung seines Lebens-triebes, der Bildung seines Beschäftigungstriebes wandeln werden.

Nun zu diesem Spielchen selbst. Ich habe dasselbe auf allen Bildungsstufen des geselligen Lebens, in Dorf und Stadt wieder gefunden, wie es mit mir selbst herauf gewachsen ist, im Kreise meiner Familie gespielt wurde und ich es selbst als Knabe, so oft zur Freude meiner jüngeren Geschwister, ausgeführt habe.

Liebe zum Kinde bringt als Lichtvöglein, den Lichtschein, auf der, in Schatten liegenden Wand, durch den Widerschein des Sonnenlichts, auf irgend einer spiegelnden Fläche hervor; indem sie ein Stück Spiegelglas, oder sonst eine wiederspiegelnde Fläche nimmt, (selbst die Oberfläche des Wassers in irgend einem Gefäß, Glas oder Tasse benutzt), um durch Widerschein einen Sonnenstrahl auf einer der Sonne gegenüber stehenden, aber von ihr unbeschienenen Wand, als einen sich bewegenden Licht-punkt, sichtbar zu machen.

Den höheren Sinn dieses Spielchens sucht Lied und Motto Dir zu deuten; doch ist es gewiss nicht der einzige der sich darin finden lässt, wie dies auch gewiss bei keinem der vorhergehenden wie folgenden Spielchen, Liedchen und Motto 's der Fall ist. Auch sind diese Liedchen und Mottos keineswegs, wie auch selbst diese Erklärung nicht, in der Meinung Dir gegeben, als sei dies auch immer, wenn auch nicht das einzige, doch das beste, was sich dabei fühlen, denken, aussprechen und im Kinde wecken lasse. Alles ist Dir, sinnige Mutter, nur als Beispiel, gleichsam als Anleitung gegeben, das festzuhalten, mitzuteilen und in deinem Kind-lein zu wecken, was Du selbst dabei fühlst, darin wahrnimmst und Dir dabei aussprichst.

„Was hat denn, Mutter! der Knabe da in seiner Hand?" – „Es ist ein kleiner Spiegel." – „Was will er denn damit?" – „Die Sonne soll hinein scheinen." – „Warum denn?" – „Damit dort auf der Wand ihm gegenüber ein Lichtpunkt, ein Lichtschein zur Freude seines Brüderchens erscheine." „Ach ja, ich sehe es, dies sieht wie ein kleines Vöglein aus." – „Sieh, so erscheint es seinem kleinen Brüderchen auch, drum möcht' es dasselbe auch, wie ein Vöglein erfassen." „Mutter, gib mir auch deinen kleinen Spiegel, ich will es auch machen." „Hier hast Du eine Tasse, die tut es auch, musst sie aber nicht zerbrechen." – „Sieh, Mutter, ich kann es auch." „Warum solltest Du auch nicht." „Mutter, da mach ' Du es auch; ich will das Vöglein fangen." – „Ja, tue es!" – „Ach, Mutter! das Lichtvögelchen lässt sich auch gar nicht fangen, wenn ich glaube, ich habe es unter der Hand, gleich scheint es oben auf die Hand." „Ja, 's Lichtvöglein ist ja nur heller Schein und der lässt sich nicht fangen. Alles lässt sich nicht fangen." – „Mutter, mich kannst Du auch nicht fangen! – hasch mich einmal!" – „Sieh, da hab' ich meinen lieben Jungen doch. Musst schneller sein, Kind."

> Schau nur, wie das Mädchen hier,
> Schnell am Faden das Papier
> Zu sich in die Höhe zieht,
> Fest das Kätzchen darnach sieht.
> Doch wie stark auch sein Verlangen,
> Mit kurzem Fuß' ist 's nicht zu erlangen.

„Guck, Mutter, was machen nur die Kinder" „Sieh, sie wollen Schmetterlinge fangen; die beiden Mädchen mit ihrem Netz; dies Mädchen mit der Hand und das Mädchen da, was auf den Knieen liegt, mit dem Tuche; aber fort ist 's doch." „Was macht nur das Mädchen da an der Wand, es steht ja so still?" „Aber siehst Du nicht, wie es sich hebt, es möchte gern den Kindern dort helfen, kann aber nicht über die Mauer, dennoch hebt sich 's hoch, so hoch es nur kann." – „Mutter! der Junge da kann aber über die Mauer, ich wollte es auch schon können. Warum steigt er nur nicht ganz hinüber?" – „Siehst Du nicht, wie er dahin zum Bruder schaut, der möchte droben unter'm Dache das Schwälbchen fangen; aber fort ist 's geflogen, dass wir 's selbst gar nicht mehr sehen." – „Da sind auch noch zwei Kinderchen oben, doch sie sitzen und stehen so still, die wollen gewiss nichts fangen, nichts haschen, Mutter!" – „Und doch, mein Kind, möchten sie etwas festhalten, rat' einmal was?" – „Ja, ich weiß nicht was." – „ Dort über den beiden Seen geht so klar die Sonne unter, ihre goldigen Strahlen möchten sie noch lange festhalten; geht denn aber das mein Sohn?" – „Wo denkst Du auch hin, Mutter, die Sonne ist ja so weit weg, dort hinter den Hügeln am See, und die Strahlen sind ja auch nur Schein?" – „Und doch halten sie solche in sich fest" – „Nein, Mutter das geht nicht!" „Ja, Kind! durch ihre Augen in ihrem Herzen! Weißt Du nicht, wie der Vater mit so freundlichem Auge und liebenden Blick Dir Lebewohl sagte, als er letzthin verreisen musste, und hast Du mir es nicht erst noch jüngst wieder erzählt, und so in Dir gesehen, als Du fragtest: kommt denn der liebe Vater nicht bald wieder?" „Ach ja, Mutter, ich sehe ihn noch immer den lieben Vater." – „Siehst Du, des Vaters **Liebe** kannst Du auch sehen und festhalten, wenn er auch persönlich und körperlich nicht da ist." „Ei wohl kann ich das, Mutter!"

27.

Lichtvögelein

Das Häschen.
Der Mutter liebe Hand,
Macht 's Häschen an die Wand.

„Erhellt das Licht auch gleich die weiße Wand,
So kommt dennoch auf ihr kein Bild zu Stand.
Erst wenn des Menschen Hand mit kunstgewandter Kraft
Im Schein des Lichtes vor der Wand Kunstvolles schafft;
Erst dann erscheint ein schönes Lebgebild
Das Deines Kindes Herz mit froher Lust erfüllt.
Drum üb' im Spiele schon des Kindes Bildnerkraft,
Dass, einst vereinet mit des ew'gen Lichtes Macht,
Aus Lebensschatten selbst, sie schön Gebilde schafft,
Und Du im Kindesspiel schon Mannessinn bedacht."

Ei! ein Häschen kommt gegangen
An der Wand daher;
Kindchen! Wollen schnell es fangen,
Doch es läuft gar sehr.
Sieh! Wie's seine Öhrchen spitzet,
Glaubt, es hör' Etwas.
Wie es jetzt schön aufrecht sitzet,
Speis't sein grünes Gras.
Schau, jetzt rümpft's
          sein stumpfes Näschen
Unser kleines muntres Häschen.
Jetzt, sich's ganz darnieder kauert,
Denn es sieht, der Jäger lauert:
Pauf! – der Jäger hat geschossen,
Das hat's Häschen sehr verdrossen:
Nun ist es davon gesprungen,
Häschen's Lied ist ausgesungen.

Das Häschen an der Wand.

Erklärung der Randzeichnung.

Dies Spiel, als Übungsspiel des Gesichtssinnes für Kinder, ist allgemein bekannt; dann ist die Darstellung der Ausführungsart dem Künstler so gelungen, dass darüber nichts mehr zu sagen übrig ist. Dass es ein Spiel des bewegten Schattens ist und sich so, wie vorzüglich Abends bei Licht, doch auch bei günstigem Früh – und Abendstrahl der Sonne ausführen lässt, wird gleichfalls als bekannt vorausgesetzt. Ebenso ist es zur Genüge bekannt, dass das Spielchen, wegen der großen Mannigfaltigkeit der Bewegung und Stellung, welche es bei gewandter Ausführung zeigt, ein Lieblingsspiel der Kinder, selbst der herangewachsenen ist, indem sie es dann selbst ausführen.

Siehe, liebe Mutter! es ist meine feste Überzeugung die ich nun aber, ebenso wenig Dir, als sonst Jemand in der Welt aufdringen will, die aber Niemandem, der sie zu der seinigen macht, irgend Schaden, aber den lieben Kindern, dem aufkeimenden Geschlechte und so gewiss der ganzen Menschheit Gewinn bringt. Es ist meine feste Überzeugung, sage ich, dass in all' dem, was den Kindern ausdauernd und immer wieder von neuem wahre reine Lebens-, klare Gemüts-, sinnige Herzens- und echte Seelenfreude macht, in dem Unschuld und Frohsinn herrscht, dass in all' diesem ein höherer, für das Leben des Kindes wichtiger Sinn, ja ein Sinn zum Grunde liegt, der wohl gar zum Höchsten hinführt.

Was bewirkt denn nur aber, dass das Häschen an der Wand erscheint?

Zwischen das klare, helle Licht, welches auf die weiße ebene Wand scheint, tritt ein dunkler unsichtbarer Gegenstand und nun erscheint, durch das ihn erleuchtende Licht, auf der ebenen, glatten Wand, die erfreuende Gestalt. So ist die äußere Erscheinung; und was ist's denn, was sich dadurch dem inneren ahnenden Gemüt auszusprechen scheint: die dunkeln, oft so schwer zu durchleuchtenden Lebens- und Erdgestalten erscheinen dem ruhigen, klaren Gemüt- als höhere Lebensgestalten, wenn sie im Lichte des waltenden Gottesgeistes betrachtet werden. So erscheint eine schauerlich felsige und klippige Gegend wohl schön, wenn sie angemessen von den Strahlen der Sonne erleuchtet wird, und die schönste Gegend ist ohne allen Lebensausdruck leer und flach, ja wohl gar unangenehm, mangelt ihr der erhebende, gleichsam sie erst gestaltende, entsprechende Strahl der Sonne. Und ergeht es uns nicht im Leben auf gleiche Weise? – Verhältnisse, welche uns gestern, von einem höheren begeisternden Gemütsstrahl erleuchtet, hoch beglückend erscheinen, sind heut, wo alles dies in der Seele geschwunden ist, nicht allein für uns leer und tot, sondern wohl widrig und drückend; und umgekehrt, kann uns nicht Manches, was uns Anfangs ganz kalt und leer ließ, später wirklich hoch erfreuen, sobald als gleichsam eine andere, höhere

Gemütsstimmung sie uns in schönerem Lichte zeigt? die klare Einsicht und Überzeugung nun, dass nur die Stimmung unseres Innern es ist, welche uns die äußeren Verhältnisse in so dunklen, ja widrigen Lichte sehen lässt, kann uns darum den verlorenen Frieden unsers Herzens wiedergeben. – Auf diese Wirkung des inneren wie des äußern, des Gemüts- und Geistes-, wie des Sonnen- und irdischen Lichtes, frühe Dein Kind hinzuleiten, dazu sollen Dir diese und die folgenden Spielchen Veranlassung geben, und sie können es. Auch im hellen Sonnenstrahl, in der Abend- und Morgenstellung der Sonne lässt es sich, dann besonders auf dunkelfarbiger Fläche darstellen. Einen noch höheren Reiz erhält das Spiel für die Kinder, wenn zwei Personen mit Händen verschiedener Größe z.B. Mutter und Tochter zwei Häschen zugleich wie in verschiedener Größe, in verschiedenen Stellungen darstellen.

Das Bildchen, oder vielmehr die Bildchen, erklären sich aus sich selbst bis auf die beiden Häschen, die dort im Dickicht des Waldes Schutz suchen und Dein sinnig deutendes Wort, Mutter, wird ihnen noch mehr Leben geben, warum also noch ein Schriftwort hinzufügen?

28.

Das Häschen

M.M. ♩ = 120.

Bewegter M.M. ♩ = 132.

# Wolf und Schwein.

„Was nur das Kind umgibt,
Das Kind im Bilde liebt;
Sei Wolf es, sei es Schwein,
Das Kind kann es erfreun;
Zu sehn des Tieres Weise,
Lauscht's Kind gar gern und leise.
Doch teuer Dir dabei
Des Kindes Reinheit sei."

1. W o l f.

Aus dem dunklen Tannenwald,
Wo des Wildes Aufenthalt,
Sieh! kommt auch ein W o l f daher,
Läuft die Kreuz und läuft die Quer:
Hart ihn wohl der Hunger plagt;
Doch, er will nicht Früchte essen,
Möchte gern ein Tierchen fressen;
Darum macht er auf sie Jagd.
Jäger aber will's nicht leiden,
Wolf das Rauben auch nicht meiden:
Schießt der Jäger, dass es knallt,
Doch, der Wolf ist schon im Wald.

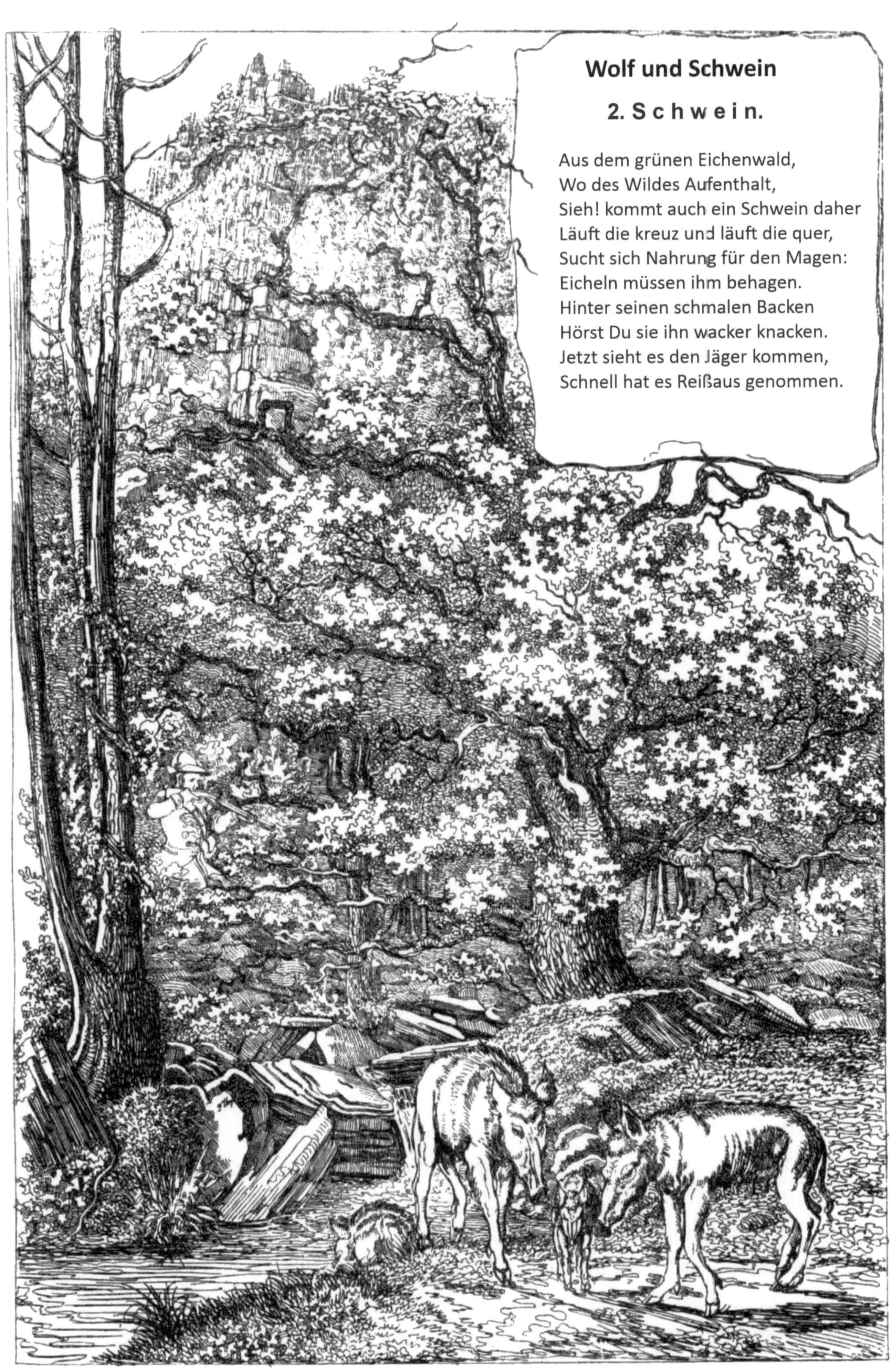

Wolf und Schwein

2. S c h w e i n.

Aus dem grünen Eichenwald,
Wo des Wildes Aufenthalt,
Sieh! kommt auch ein Schwein daher
Läuft die kreuz und läuft die quer,
Sucht sich Nahrung für den Magen:
Eicheln müssen ihm behagen.
Hinter seinen schmalen Backen
Hörst Du sie ihn wacker knacken.
Jetzt sieht es den Jäger kommen,
Schnell hat es Reißaus genommen.

Wolf und Schwein.

Erklärung der Randzeichnung.

Zeichnung, Lied und Motto erklären sich gegenseitig so, dass zur ersten wenig hinzuzufügen ist. Die Darstellung an der Wand geschieht durch entsprechendes flaches Auseinanderlegen, dann wieder Öffnen der beiden Hände. Die beiden Daumen sind so gestellt, dass sie im Schattenbilde die Ohren bilden. Versuch, Übung und Vergleich bringen zuletzt das Ganze genügend und bezeichnend hervor. Die Handdarstellungen auf der Zeichnung sind zu stark geöffnet, dadurch auch das Schattenbild nicht ausdrucksvoll genug.

Was das Motto andeutet, habt ihr, sorgsame Kinderpflegerinnen, besonders bei Tierbetrachtungen Eurer Kleinen sehr zu beachten; denn in den Lebensäußerungen der Tiere treten, wie ja dies leider! selbst bei manchen Menschen der Fall ist, die niederen Begierden oft so heftig, hart und grell hervor, dass die Eindrücke auf die zarten Gemüter der Kinder davon zu stark sind. Reinhaltung der Phantasie, nicht Verletzung der Scham, sind ganz besonders da wichtig, wo schon überreizte Nerven und Einbildung sich finden; wo übrigens beides noch nicht stattfindet, muss man sich sehr hüten, durch unvorsichtiges Wort nicht erst die schlummernde Missdeutung zu wecken; denn Reinheit sich bewahrend, geht das unschuldige Kind an den schuldlosen Erscheinungen der Natur vorüber, sich leicht die Wahrheit deutend: „Tiere wissen es nicht besser"; der Mensch, das Kind, ist aber kein Tier, ist mehr als ein Tier; der Mensch weiß, was er tut, soll es wenigstens wissen, und auch das Kind soll es wissen. Mache darum, Mutter und Du liebende Pflegerin des, Deiner Sorgfalt anvertrauten Kindes, dasselbe frühe darauf aufmerksam, wie jedes Tier, seiner Lebensstufe getreu, in Übereinstimmung mit dem gesamten Naturleben und dessen Forderung, sich entfaltet und tut, wie dies schon oben beim Vogelnestchen angedeutet wurde, und dass eben deshalb das Leben der Tiere, wie selbst auch das der Blumen und Gewächse, ein so gesundes, frisches und fröhliches ist.

Wie nun das Tier auf seiner Entwickelungsstufe still, folgsam und einfach seinen Beruf, seine Bestimmung, welche man nur nicht verrücken darf, erfüllt: so soll auch der Mensch, und schon das Kind, auf seinen Entwicklungsstufen, treu seinen Beruf und seine Bestimmungen unverrückt, erfüllen. Dass jede Entwickelungsstufe, und somit auch die des Kindes, ihre ganz bestimmt zu erfüllenden und nicht zu umgehenden Anforderungen habe, dies dem Kinde früh einsichtig, mindestens früh fühlbar zu machen, ist gewiss wichtig, um es zur späteren, allseitigen Pflichterfüllung geschickt zu machen. Jedes Alter hat, mit Bestimmtheit und ohne allen Erlass, etwas zu pflegen, hat somit seine Pflichten, also auch das Kindesalter; wohl ihm, wenn es denselben gemäß zu handeln, auch noch unbewusst, schon geführt wird.

Pflichten sind nicht Lasten; erfüllte Pflicht führt endlich zum Licht und zu all' seinen hohen Gaben; daher erfüllt auch jedes gesunde Kind gern und freudig Pflichten, wenn sie sich ihm nur recht klar, einfach und vor allen bestimmt aussprechen.

Pflichterfüllung stärkt Leib und Geist, und das Bewusstsein geleisteter Pflichterfüllung gibt Selbstständigkeit, dies fühlt schon ein Kind. Sieh, Mutter, Kinderpflegerin; seht, Eltern, wie Euer Kind im Gefühl geleisteter kleiner Pflichterfüllung so glücklich ist! es ahnet sich darin Euch verwandt. Pflegt dies Gefühl Euch und ihm zum Heil, zum Segen; denn sich in sich sammeln, sein Leben sehend überschauen und es allseitig seinen Wesen getreu zu pflegen: auf solchem Handeln muss der Segen des Himmels ruhen.

29.

Der Wolf

M.M. ♪ = 144.

30.

Das Schwein

Das Fensterlein.

„Wie kann, durch's Fenster das Licht zu erblicken,
Des Kindes Herz doch so früh schon beglücken?
Aus Klarheit ja das Leben erblüht:
        Mit klarem Leben
        Das Kind zu umgeben,
        Sei Mutter bemüht."

Kind, schau' mein klares Fensterlein,
Dadurch schein's Licht in's Stübchen klein.
Soll Dich stets freun
Des Lichtes Schein,
Musst Du auch sein
Recht lieb und rein.

Das Fenster.

„Pflege leis' des Kindes dunkles Ahnen,
Dass ein in sich einig Leben sei;
Mache sicherem Gefühle Bahnen,
Dass es selbst von ihm ein Glied ja sei.
Mache es im Äußern Inn'res schauen,
Auf das Inn're, nicht auf Äuß'res trauen.
Lass es fühlen, was auch weit getrennt erscheine,
In sich doch ein innig einig Leben eine,
Und dass Jedes, wenn auch hörbar nicht,
Zu dem Menschen doch sinnbildlich spricht:
Dass, wer diese Sprache recht versteht,
Friedig freudig durch das Leben geht."

Sieh, durch's helle Fensterlein,
Kindchen! kommt das Licht herein;
Sagt: „Möcht' gern beim Kinde sein,
Möcht' dasselbe gern erfreun."
„Guckguck, Guckguck! du liebes Licht,
Schau freundlich mir in's Angesicht."
„Kindchen! bin gelaufen schnell,
Komm' schon von der Sonne hell;
Hab' den Weg gar bald vollbracht,
Weil ich an mein Kind gedacht;
Kindchen liebt ja helles Licht,
Weich' davon mein Kindchen nicht."

Die beiden Fenster.

Erklärung der Randzeichnungen.

Das Äußere und die Handstellung gehen für beide Darstellungen klar aus den Zeichnungen hervor; und in Hinsicht auf das Spiel selbst, wer weiß nicht, wie gern Kinder durch einen begrenzten Raum, durch gespreizt übereinander gelegte Finger, durch durchschnittenes Papier und ineinander geflochtene Spänchen das Licht betrachten; es erscheint dies als eine Darlegung, als eine Deutung der Eigenschaft des menschlichen Geistes und Gemütes, auch die Erscheinung, das Eindringen des höheren geistigen Lichtes, nur immer nach Maßgabe der Entwicklung des inneren Auges, des inneren Lichtes ertragen zu können.

Dass diese Spielchen wie beim Tages- und Sonnenlichte, so auch beim Zimmer- und künstlichen Lichte ausgeführt werden können, ist allbekannt.

In Beziehung auf die innere Seelen-, Gemüts- und Geistesbildung verhalten sich diese Spiele besonders zu den beiden letztgenannten einerseits verschieden; wie bei jenen und durch sie in einer Beziehung Weckung des Niederen, Gemeinen vermieden werden soll, so soll durch diese der Sinn für das Höhere und Edlere geweckt und genährt werden; und, Mutter, wie früher seine Freude am Reinen, Klaren, so pflege jetzt Deines Kindes Lust am Hellen, Lichten, Leuchtenden.

Sieh nur, wie dort der Kinder ganze Seele den lieben Lichterscheinungen hingegeben ist; was sollte auch des Kindes Geist und Gemüt mehr fesseln, als die Wahrnehmung, gleichsam die Einatmung des Hellen, Lichten. Es scheint zu ahnen Dein Kind:

„Reines Herzens, das sein! Es ist die letzte steilste Höhe von dem, was Weis' ersannen, Weis're taten."

Mutter, stärke ihm frühe dazu seine Kraft; Vater, reich' ihm früh dazu Deine Hand, Deinen Arm, dass es sie erringe, ersteige diese Höhe.

„Was nur der Knabe da sinnend im Fenster stehen mag?" – Er sieht wie das helle Sonnenlicht, scheinend durchs klare Wasser, in so lieblichen Farben spielt. – „Mutter, Vater! kommt geschwind einmal her, da hat Schwester ein Glas mit klarem reinen Wasser ins Fenster, ins Sonnenlicht gesetzt, seht nur die schönen farbigen Kreise und Strahlen, ganz wie der Regenbogen und der Tautropfen. Ach, liebe Mutter, das ist einmal schön! Sieh nur, wie die Farben jetzt so schön durcheinander spielen, als Schwester das Glas bewegte, ganz wie wenn wir und wenn Du, liebe Mutter, mit uns Haschen spielst." – So ist der höhere, edle, strebende Mensch beglückt, wenn er sieht, wie aus der Beachtung und Pflege der Gemüts-, Geistes- und Lebensreinheit ihre höheren Seelen- und Lebensfreuden erblühen:

„Mach, Mutter, dem Jüngling, dem Mädchen bewahren,
Was sie schon haben als Kindlein erfahren.“

„Aber warum weint nur da oben der Knabe?“ ach, er hat das klare, reine Fenster durch Unvorsichtigkeit zerbrochen und nun muss er, soll nicht ein dunkles Brett, oder ein undurchsichtiges Papier, ihm für längere Zeit das liebe helle Licht aus dem Stübchen halten, zum fernwohnenden Glaser gehen, den Schaden herstellen zu lassen. Sieh! mein Kind, so muss man nicht durch Leichtsinn und Unachtsamkeit das Eindringen des Lichtes in Geist und Herz verscherzen, mit Mühe und Zeitverlust musst Du dann es erkaufen, dass es nicht dunkel und finster im Herzen und Geiste werde. Öffnest Du aber, wie da oben rechts, der Mutter liebes Kind, zur rechten Zeit dem Lichte in Dir gleichsam Tür und Fensterlein, so dringt es, wie hier in den dunklen Keller, so in die Dunkelheit und Tiefe des Lebens leuchtend und lichtend hinein:

Und dann wird's Auge klar,
Die Brust sich hebend, weit
Liegt vor Dir offenbar
Natur in Herrlichkeit,

wie vor den beiden Kindern hier auf Mutter Schoß, im Mutterarme auf dem zweiten Bilde, die gar nicht satt werden können sich des Kommens der lieben Sonne zu erfreuen. Und „Komm!“ sagt der zweite Knabe da zu seinem zweiten Schwesterchen, „komm, wir wollen die Mutter bitten, dass sie uns erlaubt, ein wenig in den Garten gehen zu dürfen,

Es ist ja draußen auch gar zu schön.“
Ja, ja, ihr Kinder ihr könnet gehen;
Seid nur auch lieblich und fein,
Wie Licht so klar und so rein.

31.

Das Fenster

M.M. ♪ = 126.

32.

Das Fenster

M.M. ♩. = 72.

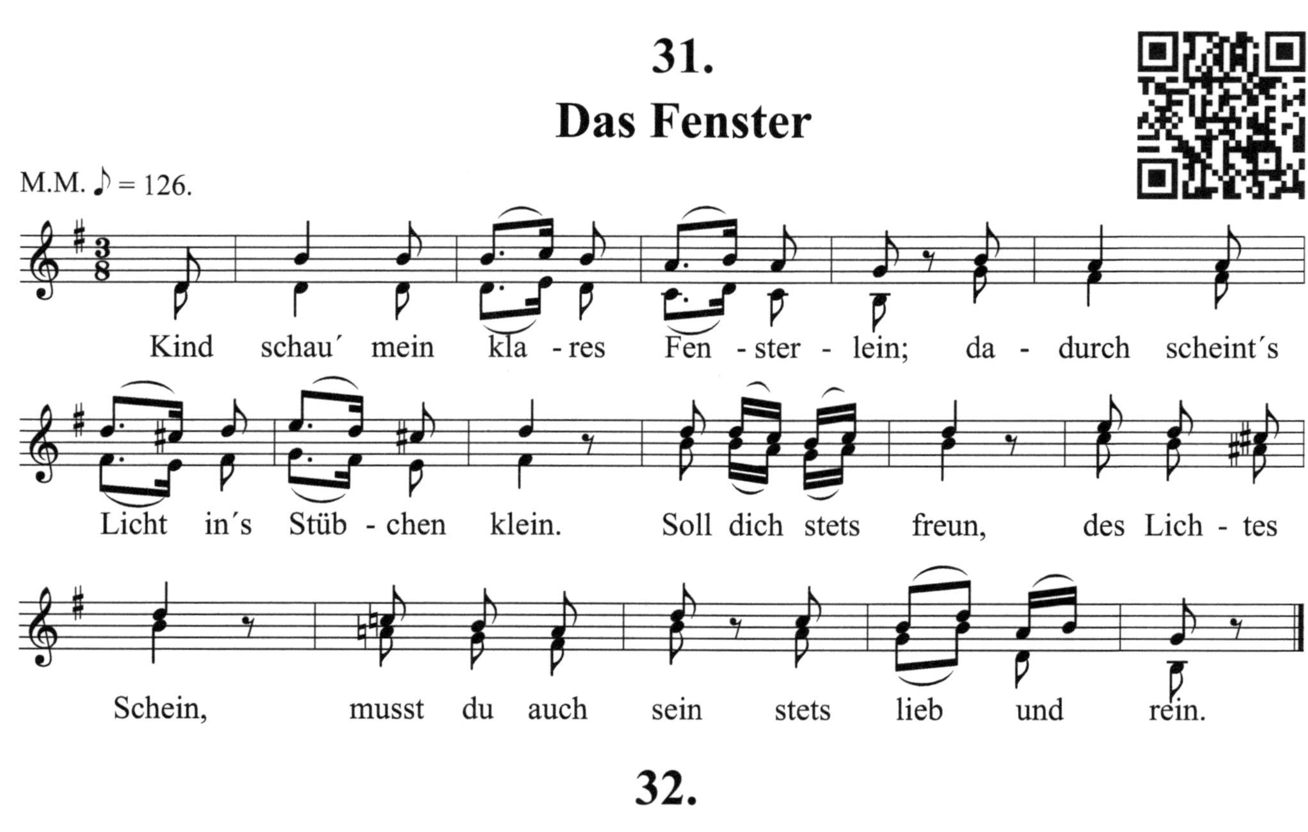

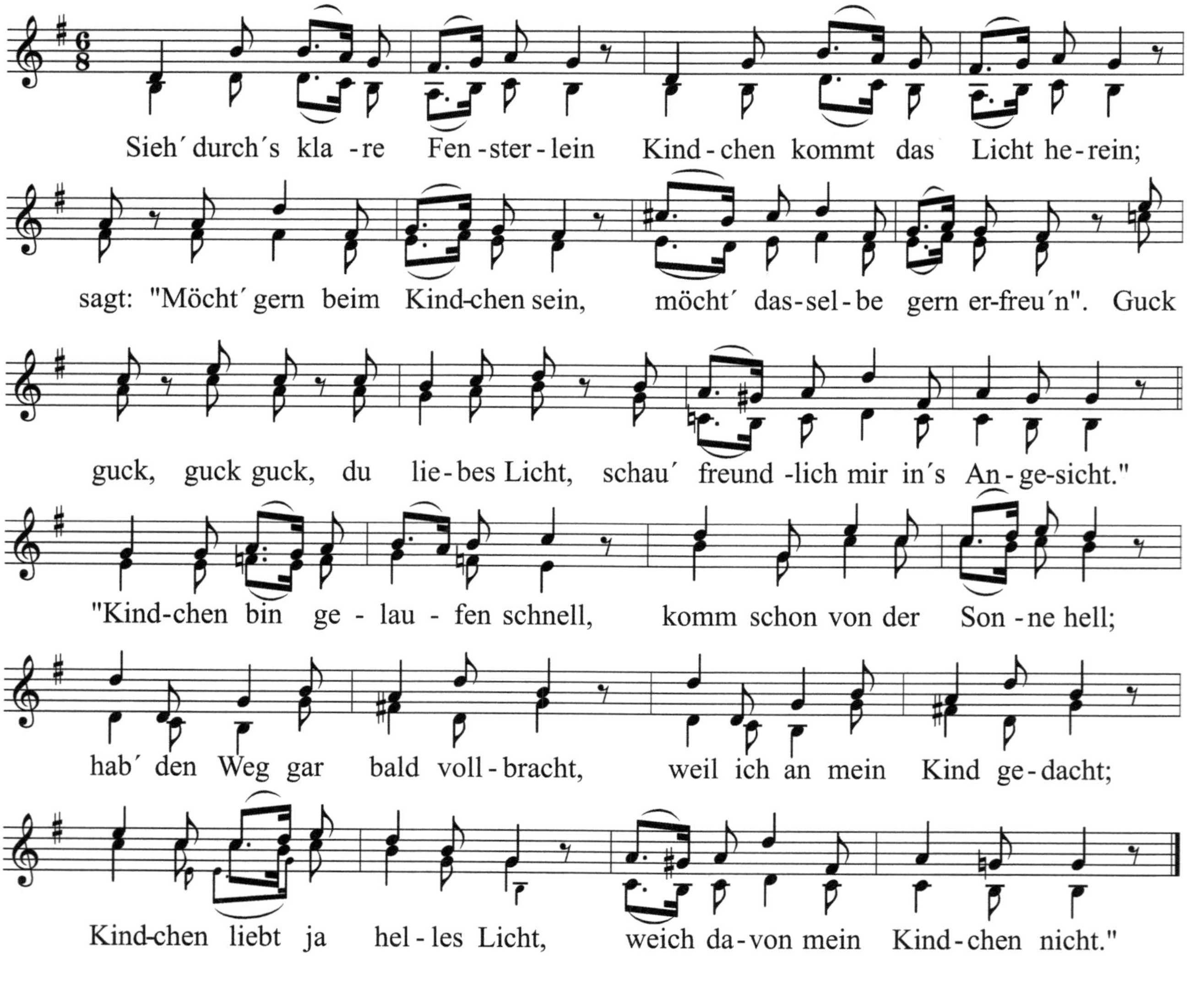

Die Köhlerhütte.

„Wie aus Wenigem es Viel gestalte,
Wie es Schwerbewegliches Ŀewalte,
Wie im Unscheinbarn oft Tücht'ges lebe;
Mutter zeig's, zu ihm Dein Kind erhebe."

Klein ist die Köhlerhütte, kaum
Nur für zwei Menschen hat sie Raum;
Doch wohnen d'rinnen wohlgemut,
Der Köhler mit seinen Söhnen gut.
Sie holen das Holz, sie brennens zu Kohlen;
Und diese die Schmiede auf Wagen
      abholen.
Wie könnte man Messer, Gabeln, Löffel
      sonst machen
Und noch die nützlichen anderen Sachen,
Wenn – brennte mit Kohle und Ruß
      im Gesicht,
Der Köhler mit Sorgfalt die Kohlen
      uns nicht.
Komm, Kindchen, wollen den Köhler
      begrüßen,
Ohn'n Löffel könnt' Kind ja kein
      Süppchen genießen;
Und ist er auch schwarz in seinem
      Gesicht,
So schadet dies seinem Herzen
      doch nicht.

Die Köhlerhütte.

Erklärung der Randzeichnung.

Die Handstellung zeigt die Zeichnung klar, die Hände ruhen mit der Handwurzel auf einem Gegenstande, z.B. dem Tische, den Erdboden bedeutend. Wie wir oben erkannten und uns aussprachen, dass das Auge vorwaltend und überwiegend vermittelnd sei zwischen der Innenwelt des Menschen und der höheren Geisteswelt: so ist die Hand besonders vermittelnd zwischen jener und der umgebenden äußern Körper- und Gegenstandswelt, und so wieder vermittelnd zwischen der räumlichen, besonders körperlichen und Sacherscheinung und dem geistigen Denken. Gleich zu dieser Vermittlung führend ist die Hand, nicht etwa erst in dem Reichtum der Darstellungen des späteren Lebens, sondern auch schon im engeren und engsten Kreise der ersten kindlichen Spiele.

Nur 2 Hände hat der Mensch, und überdies unter sich entgegengesetzt, nur 2 mal 4 Finger unter sich verschieden sowie je 2 und 2, gleich ihren Händen, entgegengesetzt gleich; nur 2, wie zu den Fingern sich gleichsam dämmend verhaltende, so unter sich entgegengesetzte Daumen hat er, und welche Verschiedenheit des durch sie, nicht etwa überhaupt Auszuführenden, nein, zur Kindeslust und Weckung bloß Darzustellenden!!

Lehren sie nicht das Kind, ohne nur aus der Grenze seines eigenen kleinen Lebens herauszutreten, wie viel, wie so gar viel der Mensch mit wenigem Nahen schon, ohne erst in die Ferne zu greifen, ausführen kann. Darum hat jener Engländer wohl Recht, welcher ein ganzes Buch darüber schrieb, dass des Menschen Hand ein Zeichen der Vaterhuld, Liebe und Güte Gottes gegen den Menschen sei; denn das Kleine und Nahe lehrt sie achten, aus Wenigem viel gestalten; und ist sie nicht so ein Ausdruck der Göttlichkeit des Menschen? zeigt sie ihn nicht seinem Schöpfer ähnlich, welcher überall aus dem Nächsten und Kleinsten so Vieles schafft?

Diese Beachtung seiner Hand (wie später auch in anderer Beziehung seiner Füße), diese sinnige Betrachtung derselben und was durch sie geschehen kann, sollst Du, Mutter, nun frühe in Deinem Kinde wecken, dass es sich und seiner Hand durch deren Missbrauch nie schade, sondern vielmehr durch sie in seinem Thun ähnlich zu werden suche seinem Schöpfer, Vater, Gott.

Und wie Du, Mutter, Deinem Kinde so seine eigne Hand achtend machst, so mache es auch achtend und ehrend nicht nur den, welcher durch seine Hand etwa uns Brot reicht und des Leibes Nahrung und Bedürfnisse befriedigt, nein, lehre es den durch seiner Hände Arbeit tätigen Menschen überhaupt zu achten, wie niedrig auch das Geschäft desselben sei, wodurch er jedoch nicht nur Nachteil und Gefahr von einzelnen Menschen, wie von ganzen Gemeinsamkeiten abhält, sondern oft dadurch sogar unmittelbares Menschenwohl beförderte. Wo würden wir z.B. mit der Ausübung fast all' unserer technischen Künste, wo würden wir selbst in der Erforschung der Natur auf dem Wege der Scheidekunst und mit allem davon Abhängigen stehen,

> Wenn, brennte, mit Kohle und Ruß im Gesicht,
> Der Köhler uns sorglich die Kohlen nicht.

Ja erzähle später Deinen lieben Kindlein, wie Kindern, deutschen Fürsten-Kindern; das Leben gerettet wurde, sie mindestens von traurigem Verleben desselben dadurch bewahrt blieben:

> „Dass unter der Köhler geschwärzten Brust und Hemden schlecht
> Die Herzen warm schlugen für Unschuld, für Tugend und Recht.“

33.

Köhlerhütte

M.M. ♩. = 69.

Der Zimmermann.

Was Liebe zum Kinde doch alles ersann!
Jetzt seht ihr gar, wie einen Zimmermann
Durch Hand und Finger gestalten sie kann.

„Was immer von Andern dem Kinde geschieht,
Ein Etwas gewiss es im Kinde erzieht:
D'rum such es durch bildliches Deuten,
Vom Sinnlichen
Zum Sinnigen
Hinüber mit Klarheit zu leiten."

Seht mir nur den Zimmermann,
Welch' seltne Kunst er üben kann:
Was steht, bringt er zum Sturz;
Was lang ist, macht er kurz;
Das Runde macht er grad;
Das Rauhe macht er glatt;
Was krumm ist, macht er gleich;
So ist an Kunst er reich.
Das Einzle nicht ihm gnügt,
Zum Ganzen schnell er's fügt;
Doch, was kommt da heraus? –
Aus Balken wird ein Haus!
Ein Haus für's gute Kind,
Dass es d'rin Eltern find',
Die sorgsam es bewahren
Vor Seel' - und Leib'sgefahren.
Den Zimmermann das Kind d'rum liebt,
Der ihm den Schutz des Hauses gibt.

Der Zimmermann.

Erklärung der Randzeichnung.

Die beginnende Handstellung dazu lässt sich schwierig beschreiben und kann eigentlich nur durch Selbstsehen erlangt werden; doch sei es versucht: die Lage der Hände ist im Allgemeinen wie die beim Köhler angegebene, nur die Hände ganz frei vor sich haltend. Die Spitzen der kleinen, der Ring- und der Mittelfinger berühren sich gelind, die Zeigefinger sind frei. Der Zeigefinger linker Hand bezeichnet einen Baum, der rechter Hand, den Zimmermann, wie er erstlich in sägender Bewegung den Baum fällt; der linke Zeigefinger, gleichsam der, durch das Sägen des rechten Zeigefingers gefällte Baum, legt sich nun waagerecht so, dass seine Fingerspitze das Knöchelgelenke oder die Wurzel des rechten Fingers berührt. Der nun gekrümmte Zeigefinger der rechten Hand macht, zuerst mit hackender Bewegung, den den Baum behauenden Zimmermann; dann wieder in sägender Bewegung, den den Baum (den Finger in seinen Gelenken) gleichsam in Stücken zersägenden. Die Stellung der das Haus darstellenden Hände und Finger zeigt klar die Zeichnung, wo Giebel, Fenster und Haustür bestimmt hervortreten, nur die Haustür ist zu klein geraten.

Wenn schon ein klarer, reinlicher Körper, wenn die ebenmäßige und allseitige Ausbildung seiner Glieder und Sinne und deren richtiger Gebrauch, wenn schon zweckmäßige und reinliche Kleider sehr viel zur freudigen Erfüllung der häuslichen Berufsgeschäfte und zum frohen häuslichen Familienleben beitragen: so nicht minder das Haus, dessen Einrichtung und Gliederung. Was gleichsam die Haut, für die Glieder und einzelnen Teile des Menschen, das ist in gewisser Beziehung das Haus für die ganze Familie, das gesamte Familienleben, das alles geordnet und geschützt Umschließende.

Was hängt nicht alles von einem wohleingerichteten Hause, wie von der Gesundheit des Menschen für das frohe Familienleben ab, ganz besonders aber, wenn dazu ein echter häuslicher Familiensinn kommt; bauen vielleicht Kinder auch deshalb so gern Häuschen und Stübchen in der Ahnung, dass sie der Pflege- und Schutzort des Höchsten des menschlichen Zusammenlebens – des Familienlebens sind? – O, ganz gewiss, ganz gewiss: das spätere ernste und bedeutungsvolle Menschenleben durchzieht in leisen Ahnungen des Kindes, der Jugend Brust; allein leider versteht das Kind in sich die Ahnungen, dunkeln Gefühle und Strebungen noch ebenso wenig zu deuten, als sie so häufig noch weniger von der Umgebung von außen her beachtet und gepflegt werden. Wie ganz anders würde es mit der Kindheit, mit der Jugend, überhaupt mit der Menschheit in allen Lebensverhältnissen stehen, würden jene ahnenden Regungen früh in dem Kinde gepflegt, gestärkt, entwickelt und der Jugend in ihrer hohen Bedeutung, gleich schützenden Engeln, frühe zur beachtenden Wahrnehmung gebracht.

In dieser Ahnung und dem daraus hervorgehenden Gefühl, dass der Mensch zur Erringung eines so hohen Gutes – als friedliches und pflegendes Familienleben und eine schützende, freundliche Wohnung desselben ist – Vieles opfern, Vieles ertragen müsse, scheint der Knabe, da rechts, sich sogar von seinen Geschwistern haben als Baum umsägen lassen; und die beiden lieblichen Geschwister sitzen links da oben, sinnend und nachdenkend, bei ihrem soeben erbauten Haus.

Was mag wohl der kleine Kopf denken, das noch so junge Herz empfinden?

> „Wie lieblich wohnt sich's doch
> Im freundlich klaren Haus,
> Welch' froher, frommer Sinn
> Strahlt aus ihm doch hinaus!
> Hinaus ins rege Leben
> Bedeutung ihm zu geben."

Die Mutter, da unten links, scheint zu versuchen, ihrem Kinde schon deutlich zu machen,

> Den Zimmermann und seine Kunst
> Nach Würden hoch zu achten,
> Genau in seinem sinn'gen Tun
> Ihn darum zu betrachten;
> Denn würde nicht sichere Wohnung er geben,
> Wo sollte die Mutter mit ihrem Herzkindchen wohl leben?

34.

Der Zimmermann

Der Steg.

„Auch Getrenntes zu verbinden,
Lass das Kind im Spiele finden;
Und dass wohl die Menschenkraft
Da auch die Verknüpfung schafft,
Wo die Trennung scheinbar unbezwinglich,
Wo die Ein'gung unerschwinglich."

Ein Bächlein fließt das Tal entlang,
'S Kind möcht' hinüber, es wird ihm bang.
Es möchte sich drüben die Blümchen besehn
Und kann doch nicht über das Wasser hingehn.
Zum Gehen führt über das Wasser kein Weg,
Da kommt gleich der Zimmermann,
                        bauet den Steg.
Von hüben nach drüben 's Kind gehen nun kann,
Hab' Dank! Du geschickter Zimmermann.

Der Steg.

Erklärung der Randzeichnung.

Leicht ist er, von Dir Mutter, wie selbst auch von Deinem Kinde, aus der Köhlerhütte, wie aus dem Hause dargestellt. Die beiden Daumen bilden gleichsam die beiden Streben oder Stützen des Steges; die Spitze des einen Mittelfingers reicht, nur wenig gebogen, unter die des anderen, so dass die Finger oben eben liegen.

Gegensätze, scheinbar Getrenntes zu verbinden , wie hier die beiden Bachufer dem Kinde erscheinen, ist, von wem, wo und für wen sie auch geübt wird, immer eine wohltuende, erfreuliche Kunst und ausgeübt, höchst dankenswert. Mutter, lasse dies, in Deinem Triebe mütterlicher Sorgsamkeit früh Dein Kind empfinden; denn wahrlich, Niemand empfindet es tiefer, als Du, dass einerseits oft nicht auszugleichende Gegensätze die tiefsten Schmerzen, wie andererseits oft nicht geahnte Ausgleichung den Frieden des Himmels ins Herz, Gemüt, besonders ins häusliche Familienleben bringen. Und was eint größere Gegensätze, was eint auf Erden mehr den größten Gegensatz: Erde und Himmel, und wo beglückt diese Auflösung mehr, als in der Familie und im Haus.

Lehre darum Dein Kind in dem Äußeren der Gabe das dadurch gereichte Innere, im Hause den häuslichen Frieden, das sinnige Familienleben erkennen; im Geber des Äußern, des Sichtbaren, den Geber des Unsichtbaren, des Innern; lehre es in dem Zimmermann dem danken, der des Zimmermanns Sohn zur Erde sandte, damit in den Wohnungen der Menschen die größten und schwierigsten Gegensätze des Lebens sich ausgleichen und sie so Wohnungen der Herzensfreude wie des Seelenfriedens - Himmelswohnungen würden. Zeige und lehre Deinem Kinde in der Anschauung des eigentätig gebildeten Steges, lasse es ihm selbst ahnend wenigstens darin finden, wie es in sich durch Selbsttätigkeit die Vermittlung und Ausgleichung der Gegensätze finde. Zeige es ihm in Deinem eigenen Leben und Tun, dann aber ganz besonders auch in dem vermittelnden Leben und Beispiele, in der vermittelnden Lehre des Zimmermanns Sohnes: dann wird der sichtbare Steg von Deiner oder Deines Kindes Hand und alles sich daran Anknüpfende Dir später ein Mittel werden, ihm Unsichtbares mit Sichtbarem zu verbinden, und im Zimmermanns Sohne den geliebten Sohn des Vaters unser Aller und den Vermittler zwischen Ihm und sich zu erkennen, zu lieben.

35.

Der Steg

M.M. ♪.= 160.

Das Hoftor.

„Was die Mutterliebe kosend treibt, -
Scheint's das Kind auch noch nicht zu verstehen,
Könnt die Frucht auch lange ihr nicht sehen,
Doch dem Kind als Lebensmitgab' bleibt.
Darum lehr' Dein Kind so früh bewahren,
Was ihm lieb, vor des Verlust's Gefahren;
Denn was Mutterliebe kosend treibt,
Einst dem Kind als Lebensmitgab' bleibt."

Was soll dies sein! – Ein Tor soll's sein!
Uns führend in den Hof hinein:

    Da springen die Rösslein,
    Da fliegen die Täublein,
    Da schnattern die Gänschen,
    Da quaken die Entchen,
    Da piepen die Hühnchen,
    Da krähet der Hahn,
    Es summen die Bienchen,
    Da muhet die Kuh,
    Da hüpfet das Kälbchen,
    Da mähet das Lämmchen,
    Da blöket das Schaf,
    Da grunzet das Schwein;
    Das Tor muss fest verschlossen sein,
    Dass nichts läuft fort,
    Ein Jedes bleibt an seinem Ort.

Das Gartentor.

Was soll das sein?
Ein Tor in den Garten,
Worinne die Gärtner
Die Blümelein warten,
Von mancherlei Arten:
Die duft'gen und zarten,
Oft sanfte behaarten,
In Knöspchen verwahrten,
Auch paarweis gepaarten,
Gleich Schäfchen geschaarten.
Das Tor muss wohl verschlossen sein,
Dass nichts mir stört die Blümchen fein.

Die beiden Tore.

Erklärung der Randzeichnungen.

Die Handstellung zum Gartentor ist richtiger ausgeführt als die zum Hoftor, obgleich auch bei jener die Hände, in ihrer Berührung in den Fingerspitzen, etwas mehr torartig gesenkt sein sollten.

Sinn und Gabe dieser Spielchen sprechen sich leicht aus: als ersteres, lehre dem Kind bewahren, was es erlangt hat, als zweites: mache es erkennen, was es umgibt und suche es ihm benennen zu machen, was es umgibt zunächst im Haus und Hof, im Garten und Feld, dann später in der Flur und dem Walde. Lehre es die Dinge nicht nur ihren Namen, sondern auch ihren Eigenschaften nach, nicht nur ihre tätigen Eigenschaften, ihr Tun, sondern auch ihre ruhenden, ihre Beschaffenheiten kennen. Mutter! hast Du nicht beachtet, was für ein tiefer, reger Sinn für alles dies in Deinem Kinde lebt? – auf eine fast zauberische Weise scheint es in einer gewissen Zeit seines Lebens, selbst die Worte für Tätigkeit und Beschaffenheit zur erfinden. Wie macht in dieser Zeit dem Kinde das Bemerken des Glatten, des Wolligen, Haarigen, des Glänzenden, des Runden usw. wie des Rollenden, Kriechenden, Hüpfenden usw. Freude, und mit bewunderungswürdiger Leichtigkeit erfasst es und verknüpft es Anschauung, Wort und Begriff. Bewahre, pflege ihm diesen Sinn. Pflegst Du ihn aber nicht, setzt Du ihn nicht in richtige Tätigkeit, er geht Dir verloren, er rostet gleichsam ein, wie der Magnet einrostet und seine Kraft verliert, welche nicht hinlänglich, nicht steigernd gebraucht wird. Es gleicht dieser Sinn köstlichem Weine in zerbrochenem Glase: was nicht augenblicklich genossen. Kraft, die nicht augenblicklich geübt wird; Streben, was nicht sogleich den entsprechenden Gestand erhält, verdirbt.

Paarweise gepaarte Blümchen kennst Du, Mutter, gewiss im Heckengeißblatt, und andere, wie gleich Schäfchen gescharte, im Traubenholunder und Schneeballen. Und:

> Viel And'res kann's Kind noch an Blumen erkunden,
> Die Farben: die zarten, einfachen und bunten,
> Die Formen: die Glöckchen, die strahl'gen, die runden,
> Gleich Rittern gespornet, gleich Schnecken gewunden,
> In Sträußen, in Schirmen, in Scheiben verbunden,
> Für all' dies sind bald auch die Worte gefunden;
> Wenn helfen die Augen, die klaren, gesunden;
> Auch kräftiget Jedes, was selbst ist erfunden.
> Drum Mut nur, Mutter! und nütze die Stunden,
> Es keimet der Samen verborgen tief unten
> Der Früchte, die einstens Dich laben, Dir munden.
> Dem Kinde bringt's Segen, so früh dies empfunden.

36.

Das Hofthor

37.

wird gesprochen.

38.

Der kleine Gärtner oder das Gießkännchen

Der kleine Gärtner.

„Willst Du des Kindes Sinn für
Lebenspfleg' entfalten,
So mache, dass es mög' für Lebens-
pflege walten;
Willst Du Dein Kind für innre
Lebenspfleg' bereiten,
Verschaff ihm, wo Du kannst, der
Lebenspflege Freuden."

Komm, wir wollen in den Garten,
All' die Pflänzchen dort zu warten:
Wollen sie gar schön begießen,
Das die Knöspchen sich erschließen.
Die Knöspchen sich entfalten nun;
Sie grüßen Dich mit süßem Duft,
Womit sie duchwürzen die ganze Luft.
Belohnend ist es, wohlzutun!

Der kleine Gärtner.

Erklärung der Randzeichnung.

Falte, Mutter, die Finger Deiner linken Hand in die Form einer Blume, ähnlich z.B. einer Lilienknospe; die Finger der rechten Hand schließe in Form eines Gießkännchens, so, dass der Daumen dem Halse desselben gleicht, um damit gleichsam die Blume zu begießen, deren Knospe, während dies geschieht, sich zu entfalten scheint, indem die Finger sich, etwas nach dem kleinen zu drehend, leise öffnen, um so einer aufgeblühten, vielmehr eben aufblühenden Blume zu gleichen.

Hast Du es, kaum einige Male, vor Deinem lieben Kindchen getan, bald wird es Dein Tun nachahmen; denn das Spielchen macht ihm besonders Freude, wie ja überhaupt das Kind so gern nachtut, was Mutterliebe vormacht. Dieser Sinn der Nachahmung in Euren Kindern sollte daher von Euch, Ihr teuren Mütter, recht sorgsam gepflegt werden; er erleichtert Euch mehr als zur Hälfte die Erziehung derselben und bewirkt jetzt wirklich federleicht, was später das zentnerschwere Wort von Euch bei ihnen kaum bewirkt; glaubt mir, ehe Ihr durch schmerzliche Erfahrung einseht, dass ich Recht habe und dieses Einsehen Euch dann nichts bewirkt als Euern Unmut zu nähren.

Doch unseren kleinen Gärtner wollen wir darüber nicht vergessen; denn es ist ja etwas gar zu Liebliches, der Anblick eines kleinen Gärtners, einer kleinen Gärtnerin, mehrerer, „Gartens" spielender Kinder.

„Warten!" „Pflegen!" sind Worte, die wir, teure Mutter, im Verlaufe unserer gegenseitigen Mittheilungen und in unserer gemeinsamen Beachtung und Teilung des Kinderlebens unzählig oft uns gesagt haben. Wichtig müssen sie für das Leben unserer Lieblinge sein, und sie sind es. Sage, edle, sinnige Mutter, was können wir wirklich den Herzen unserer Herzen, dies sind ja die Kinder, für ihr ganzes Leben Wichtigeres mitgeben, als eben Sinn, Ausdauer, Mut, ja Mut zur Lebenspflege, aber auch das Geben der Mittel, das Zeigen der Wege dazu. Daher, Mutter und Vater, geliebte Eltern! das dürfen wir uns auch sagen, wir tun es und haben es bisher treu getan, und so dürfen wir, so dürft auch Ihr hoffen, dass Euch im Alter Pflege von Euern, von Dank durchdrungenen Kindern werden wird; wie dort ja der Knabe den alten Mann, den er ja gar nicht einmal kennt, durch eine Gabe pflegt, so gut er kann. Doch bei richtiger Pflege soll Zeit und Ort beachtet werden; denn nicht alle Pflanzen vertragen es, unmittelbar auf die Wurzeln begossen zu werden, am wenigsten die Lilien, sie faulen dann leicht. Ich glaube wirklich, die kleine Gärtnerin, welche so sinnig dasteht, will es uns sagen: beachte bei Deiner Pflege den Ort, und sogar das vom Wind so leicht hin- und hergetriebene Hähnchen auf dem weit umschauenden Hügel will uns sagen: beachte die Zeit:

In heißer Sonnenglut
Tut Gießen niemals gut:
Das schon erschöpfte Blatt
In sich nicht Kraft mehr hat,
Empfang'nes fort zu treiben
Und so gesund zu bleiben.

Doch, liebe Eltern, lasst uns zum Schlusse noch Eines beachten:

„Was tun doch die Kinder
Wohl lieber, geschwinder
Als nahe beim Hause im lieblichen Garten
Zu bauen, zu pflegen, zu gießen, zu warten?
Zu bauen das Häuschen, durch's Zweige Verbiegen;
Zu pflegen die Püppchen, in Bettchen, in Wiegen,
Zu gießen die Blümchen, dass schön sie erblühen
Und spenden süß' Düfte, für solches Bemühen;
Ja Stöckchen und Dornen soll'n Früchte selbst tragen,
Dem Gärtner für Pflege „schön Dank auch" zu sagen.

Was soll nun, Ihr Eltern, - was will uns dies lehren?
Wir sollen gleich Kindern die Freude uns mehren:
Dann durch stille Tat sie zeigen,
Wie dies wohl sei zu erreichen:

Baut das Haus zum frohen Kindergarten,
Sinnig treu der Kindlein drin zu warten:
Äußerlich vor Allem sie zu wahren
Vor des Leibes fesselnden Gefahren,
Doch noch mehr, mit Sorgfalt zu entfalten,
Kräfte, die durch Gott in ihnen walten;
Die mit Vaterliebe er gegeben,
Um durch Tun zu Ihm sich zu erheben.

Riechliedchen.

„Lass Dein Kindchen früh erfahren,
Dass in Allem, was da lebt,
Immer sich will offenbaren
Wesen, was nach Dasein strebt;
Sei's in Farben, in Gestalten,
Sei's im würz'gen Blütenduft,
Immer ist's das Eine Walten,
Was in's Dasein Alles ruft."

Du mein liebes Bübelein!
Riech' das liebe Blümelein,
„Hä-zi!"
Ei, was duftet's doch so fein!
„Hä-zi!"
Was mag wohl die Ursach sein? —
Ach, gewiss ein Engelein
Durch den Duft Dich will erfreun.
Sagt: „Wenn's Kind mich auch nicht sieht,
Durch mich doch der Duft entblüht."
„Hä-zi!"
Kindchen, lass mich auch 'mal riechen!
Kann die Lust gar nicht besiegen.
„Hä-zi!"

Hä-zi, Hä-zi! (Riechliedchen.).

Erklärung der Randzeichnung.

Die hohe Wichtigkeit der Sinnen – Ausbildung überhaupt und besonders die der
Ausbildung des Schmecksinnes um das Innere, gleichsam den Geist der Dinge, dem
eigenen Innern und Geiste nahe zu bringen durch Äußeres und mehr noch, am
Äußeren wahrzunehmen, zu erkennen, haben wir, teure Mutter! uns schon oben bei
dem Dza, Dza, oder dem Schmeckliedchen ausgesprochen.

Dem Geschmackssinn ist aber eng verwandt der Geruchssinn, beide sind wie
Zwillingsgeschwister innig verbunden, sie ergänzen sich gegenseitig, um das Wohl-
tätige und Nachtheilige der Dinge, zunächst für das Verstehen des leiblichen Lebens
nachzuweisen, ja wirklich zu offenbaren; doch keineswegs nur für das mehr leibliche,
sondern auch wirklich für das höhere und rein geistige Leben. – Schwer, sehr schwer,
achtsame Mutter! möchte es anzugeben sein, wo die rein leibliche Einwirkung auf die
Sinne aufhört und wo die rein geistige beginnt. Eben wegen dieser innigen Verschmel-
zung und dieses Ineinanderfließens des Physischen und Psychischen, des Leiblichen
und Geistigen, des Materiellen und Spirituellen, des Vitalen und Intellektuellen, des
Instinktes und des Moralischen nun: wegen dieses, man möchte sagen Wurzelns des
Höheren in dem Niederen, ist, Mutter und Pflegerin des frühen Kindheitslebens! die
Ausbildung der Sinne und ganz vor allen die Ausbildung und Veredlung, die Erhebung
der beiden genannten Sinne, die, recht erwogen, eigentlich nur ein doppelseitiger, in
sich aber einiger sind, so überaus wichtig; sie vervollständigen sich nicht nur gegenseitig, sondern, worüber selbst Gesichts- und Geschmackssinn, in Gemeinsamkeit, in
Ungewissheit lassen, da klärt der Geruchssinn auf; denn merkwürdig ist es einmal (wie
dies schon bei dem Geschmackssinn hervorgehoben wurde), dass alles der Gesundheit Nachteilige, wie für den Gesichtssinn , in eigentümlicher unangenehmer Trübung
und Dunkelheit, so für den Geschmacks- und Geruchssinn sich in ganz eigentümlichen,
obgleich wieder in sich verschiedenartigen Dumpfen, Widrigen, Eklen, ja selbst für den
Gehörsinn sogar in dumpfen, widrigen Tönen z.B. bei den Metallen, kund tut; weshalb
man auch sagt: - „sein Name hat einen guten Klang", welches alles, selbst im übertra-
genen sittlichen Sinn, die Wichtigkeit der Sinnenbildung ausspricht. Dann zweitens ist
weiter wichtig: dass alles an sich Gute, Gesunde, Erhebende, sobald es als Übermaß
genossen wird, das Entgegengesetzte bewirkt, mindestens Ekel erzeugt, so z.B. der
Geruch des blauen Flieders im engen Raume. Übermaß aber erzeugt stets Überdruss,
Überdruss erzeugt Ekel, zur Warnung, um den Übergenuss, als der Gesundheit
nachteilig, zu meiden.

Es hätte sich nun, liebe Mutter! dies alles recht wohl auch in Deine verschiedenen
Riech- und Schmeckspielchen einkleiden, und in Deinem lieblichen Zwiegespräche mit

dem Kindchen darstellen lassen; allein die Ausbildung des Geruchssinnes ist, wie Du, teure Mutter! nun leicht einsiehst, gleich der des Geschmackssinnes und des Sinnes der Beachtung des Reifen und des Unreifen auf jeder Lebensstufe des Kindes so hochwichtig, dass dieser Ernst der Bedeutung sich auch ungesucht in der Behandlung desselben hervordrängte. Merkwürdig ist, dass die Übertragung des Geruchsinnes auf das Gebiet des Sittlichen, dann sehr häufig die üble Bedeutung hat: - z.B. „er ist im Geruch der Scheinheiligkeit;" der Ausdruck Gerüchte scheint durch Einschiebung von t aus Gerüche abgeleitet zu sein: z.B. „Es sind böse Gerüchte über diesen Menschen im Umlaufe."

„Mutter! ich habe Kopfweh!" – Was hast Du denn gemacht? – „Ich weiß es nicht. Ich habe mir nur sehr viele, schöne Blumen geholt und hier aufgestellt." – Ja sieh, die vielen Blumen, die stark riechenden Gewächse und vor allen die daraus hervorragende Lilie, welche Du da um Dich stehen hast, sie haben im zu engen Zimmer, die Luft zu stark mit ihrem Duft erfüllt, und dieser wirkt durch die Nase, durch den Geruch, auf Deinen Kopf. – Auch des Guten kann man zu viel tun; und selbst das an sich Gute bedarf eines hinlänglichen Raumes der Wirksamkeit, um wohltätig zu sein. Sieh, wäre das nicht, so würden die Menschen und auch ihr, Kinder, eigensüchtig des Schönen und Guten zu viel um sich versammeln und Andern zum Genuss und zur Freude desselben wenig übrig bleiben.

„Ach! Mutter, die Pflänzchen und Blumen haben uns ja auch lieb wie Du!

> Führen zu Rechtem
> Und warnen vor Schlechtem.
>
> „Pflänzchen, Blumen, Kinder -Lust,
> Freudevoll hebt Ihr meine Brust,
> Wenn ihr Euch zu mir herneiget
> Und mir Euer Wesen zeiget.
>
> Wollet mir ja Alles geben,
> Um zu pflegen still mein Leben:
> Wollt mich schützen vor Gefahren,
> Wollt die Unschuld mir bewahren.
>
> Lehrt mich Eure Sprache kennen,
> Nicht nur Eure Namen nennen;
> Sprecht durch Farbe, durch Gestalt,
> Nie wird was Ihr saget alt.
>
> Sprecht durch mannichfache Düfte,
> Womit Ihr erfüllt die Lüfte.
> Liebt die Wahrheit: lehret meiden,
> Wenn Genuss könnt' Leid bereiten.

Wollt all' meine Sinne üben:
Edles, Gutes nur zu lieben;
Wollt mir Kraft und Willen stärken,
Dass mein Tun gleich' Euern Werken.

Seid Ihr Pflänzchen noch so klein,
Wohnt in Euch ein Engel fein;
Ja, ihr selbst wollt Engel sein,
Dass ich nimmer sei allein,

Wollet mir das Herzchen rühren
Wollt mich hin zum Vater führen,
Der durch seiner Liebe Ruf
Euch und mich ins Dasein schuf.

Ja, sogar lasst Ihr Euch pflücken,
Meine Eltern zu beglücken,
Um Euch Ihnen darzureichen,
Als ein Lieb'- und Dankes-Zeichen.

Auch der Tod kann Euch nicht rühren
Wonne so mir zuzuführen,
Dass die Freud' ich soll empfinden:
Lieb' um Liebe zu verkünden.

Seid Ihr nicht ein rührend Bild
Höchster Huld, der Eltern mild;
Die für uns, der Kinder Leben,
Selbst ihr Liebstes gern hingeben?

Sagt, was ließ sich wohl auffinden,
Das Ihr mir nicht könnt't verkünden?
Was wir Kinder immer fragen,
Immer könnt Ihr Antwort sagen.

Wie könnt' alles Gut' ich zeigen
So durch Euch will Liebe reichen;
Aber achtsam will ich hören,
Was sie mich durch Euch will lehren.

Nimmer will mutwillig ich Euch brechen,
Dass mich nicht der Reue Dornen schmerzlich stechen."

Hätzi oder Riechliedchen.

Der Wagner.

„Dass der Mensch die Hände
viel gebrauchen kann,
Sieht ein Kind auch bald
mit Lust und Freuden an."

Kind, wir woll'n zum Wagner gehn,
Was er macht, genau besehn.
Sieh nur, sieh nur, sieh!
Viel gibt er sich Müh',
Dass der Bohrer grade geh'
Und ein schönes Loch entsteh'.
Was er wollt', ist fertig nun,
Kann das Rad zur Berre* tun:
Die gehet nun immer: rund um,
Rund um, rund um, rund um!

* auch "Radeberle": Thüringisch für (Schub)karre

Der Wagner.

Erklärung der Randzeichnung.

Die in Fäuste leicht geschlossenen senkrecht stehenden Hände bewegen sich erst in waagrechter Lage, gleichsam in Halbkreisen, gegenseitig untereinander, so, dass abwechselnd die eine Hand bald vorn, bald hinten steht; dies ist nämlich die Arm- und Handbewegung des Wagners beim Bohren eines Loches. Dann bei den Worten: „die gehet nun immer rund um, rund um" bewegen sich die beiden Fäuste in senkrechter Lage radförmig, wechselseitig rund umeinander, gleich einem fortgerollt werdenden Rade.

„Nichts sei Dir gleichgültig, was den Menschen betrifft, Du bist Mensch; darum nichts, was den Menschen angeht, bleibe Dir fremd!" sagte der Weltweise, und das Kind übt die hohe Lebenswahrheit, wie das oft geschieht,

> Dass das Kind in Stille und Einfalt übt,
> Was als Lebensweisheit der Weise gibt.

Nichts geschieht von erwachsenen Menschen, was nicht des Kindes Aufmerksamkeit anrege, besonders bei Handwerkern. Wir haben, Mutter, ja oben uns gesagt, wie ein Werk von Menschenhand so wichtig ist, darum pflegen wir diesen Sinn, pflegen wir ihn frühe. Pflegen wir, pflege, Mutter! des Kindes Lust am Schaffen durch Menschenhände; doch

> Wollest früh die Lust ihm auch zur Tat erheben,
> Dass es führe einst ein menschlich schaffend Leben;
> Denn zu wirken viel durch kräf'ge sinn'ge Tat,
> Dies zum Preis den Frieden und den Frohsinn hat.
> Und sie möchtest Du ja Deinem Kinde schenken;
> Leicht ist's: - musst zu rüst'ger, wackrer Tat es lenken. –

Und dazu soll Dir, Mutter! dies Spielchen einen kleinen Beitrag geben, ein Mittel werden.

Reich hat der Künstler, zur Lust Deines Kindes, dies Blatt ausgestattet. Ich glaube nicht, dass Du vom Rade an der Berre, neben dem bezeichneten Güterballen da, rechts im Bildchen, hinter den Güterwagen, bis zum Rade am Götterwagen oben, einen wesentlichen Gebrauch und eigentümliche Art des Wagenrades vermissen wirst. Gewiss will er uns dadurch die Wichtigkeit des Rades für alle Lebensverhältnisse zeigen; wo würde das Menschengeschlecht, wo wir in der Bildung stehen, wenn wir des Rades entbehrten? – Gewiss hat darum auch alles, was Rad ist und heißt, für das Kind solche Anziehung, solche Wichtigkeit; und später achtet auch wohl das Kind des Rates, ihm gleich in des Rades Anwendung, Eigenschaft und Nutzen: die leichte

Bewegung des Schwerbeweglichen gewährend, so ungern sonst das Kind dem Rate Älterer folgt, weil es noch nicht, wie bei dem Rade, unmittelbar und augenblicklich dessen Wert und Wichtigkeit erkennt.

Also selbst in übergetragenem bildlichen Sinne, scheinbar auf einem ganz andern Gebiete, ist für das Kind die Kenntnis der Eigenschaften und des Gebrauches des Rades wichtig, wie die, der vermittelnden des Kreises, Reifes, Kranzes. Das wollte uns gewiss der Künstler zu Herzen führen, deshalb treiben zwei Knaben da unten nach entgegengesetzter Richtung den Reif, und fast will es mir scheinen, sie kommen am Ende, vielleicht wider Erwarten und wider Willen an Einer Stelle an. Will der Künstler dadurch wohl des Kindes, des Menschen verschiedene Schicksale deuten, die nach höherem Ratschlusse doch Jeden zum Besten hinleiten?

Was mag uns nur der Künstler weiter damit sagen wollen, dass er uns wieder in die Sagenzeit der alten Helden einführt? Zufällig und ohne Sinn tut doch kein Künstler Etwas! Fast will es auch bedünken, er als Künstler ahne, durch solche, Natur und Leben, in all' ihren Richtungen treu beachtende und ihr Gutes sorglich bewahrende Kinderzeit, müsste die Sagenzeit edler Menschheit, gesäubert von ihren Schlacken, geklärt in ihren Dunkelheiten, geläutert in ihren Trieben und Zielen wieder neu erscheinen.

Sollen wir des Künstlers, wegen seiner Ahnungen, sollen wir seiner, wegen des Wunsches zürnen, dass sie in Erfüllung gehe?

Nun aber der Wagner hier unten rechts, der das Rad treibt?

> „Wagner und Rad was lehr'st Du 's Kind all'?
> Lehrst es wohl gar sich sichern vor Fall?"

40.

Der Wagner

Der Tischler.

„Dass Jedes seine Sprache spricht,
Entgeht so leicht dem Kinde nicht:
Doch was uns leicht, wir achten's nicht,
Legt, Eltern, drauf das rechte Gewicht."

Zisch, zisch, zisch!
Der Tischler hobelt den Tisch.
Tischler, hoble den Tisch mir glatt,
Dass er keine Löcher hat:
Zisch, zisch, zisch!
Tischler, hoble den Tisch.
Lang, lang, lang!
Tischler, hoble die Bank;
Tischler, hoble sie recht blank,
Dass daran kein Span mehr hang';
Lang, lang, lang!
Tischler, hoble die Bank.

Der Tischler.

Erklärung der Randzeichnung.

Die darstellenden Fäuste stehen senkrecht und gleiten gleich den, die Späne hervor hebenden Hobeln, erst in kürzeren, dann in längeren Zügen auf ebener Fläche, z.B. der des Tisches, dahin.

Was ist die Beziehung und Lebensbedeutung, was ist der innere Sinn dieses kleinen einfachen Spieles? Wie Ton mit Zahl und Bewegung in Verbindung ist, darauf wurde das Kind oben schon durch das Fingerklavier hingeleitet; aber nicht allein mit Zahl, mit Zeit, Zeitraum und Bewegung ist der Ton in innigem Verbande, nein! auch mit der ruhenden, räumlichen Form; ja hier wieder selbst mit dem Stoffe steht der Ton verschwistert da. Tief tönt der Ton des langedehnten Stoffes, und hoch der Ton des kurzen und fein gedehnten; und lang und kurz, - dieser Mittel- und Verknüpfungsbegriff von Raum und Zeit, denn beides kann ja kurz wie beides lang sein, - ist eben auch für die Beachtung des Kinderlebens höchst wichtig. – „Du kannst wohl etwas draußen bleiben aber nicht zu lange;" „üben musst Du Dich, aber nicht zu kurze Zeit."

Dein Kind, liebe Mutter, auf die vielseitige Anschauung von lang und kurz, auf die vielartige Bedeutung der beiden Begriffe hinzuleiten: dazu sollte Dir dies Liedchen und Spiel, auch für das spätere Leben Deines, jetzt noch kleinen Lieblings, Gelegenheit geben, wie oben ein früheres Bild und Spiel zu der Anschauung und Bedeutung von krumm und grad. Wie wir, nun dort bloß den Ausdruck krumm und gerad fanden, so hat hier, für Dein lieb' Kind, das ganze Bild den Ausdruck lang und kurz. Lasse, ihm zur Freude, es in Gleichsätzen und Gegensätzen aufsuchen. Aber auch darauf will das Bildchen Dein Kindlein früh hinführen, dass keineswegs äußere Größe immer auch innere voraussetze und umgekehrt; der in der Kinderwelt eine so lächerlich wichtige Rolle spielende Riese Goliath und der den Kindern so teilnehmend liebe kleine David soll Dein Kind dahin leiten.

Du denkst hier gewiss des Liedchens Deiner Kindheit vom gemütvollen menschenfreundlichen Asmus, des weiland Wandsbecker Boten:

> War einst ein Riese, Goliath,
> Ein gar gefährlich Mann.

Dem Künstler scheint sich seine Jugendempfindung auch herausgedrängt zu haben.

Wollen wir sie alle klären in unsern Kindern, und durch dieselben auch in uns,

> Ihnen zum Heile und ihnen zum Frieden;
> Freunde! dann wird es bald besser hienieden.

41.

Der Tischler

(Nach einer Volksweise.)

Die Reiter und das gute Kind.

„Ein stilles Ahnen liegt im Kind verborgen,
Es steh' im Leben nicht allein;
Drum, siehst Du es auf fremdes Urteil horchen,
Dann, Mutter! gilt es achtsam sein.
Das Kind beginnt die neue Lebensstufe,
Zu hören schon dem ächten Lebensrufe;
Hab' Sorge nun für Dein lieb Kindchen rein,
Dass früh nicht trübe es ein falscher Schein.
Auf Äußerem nicht sicher ruhen bleibe,
Sich innern Vorzug ernstlich zu erstreben treibe."

Fünf Reiter kommen im vollen Lauf,
Sie reiten in den Hof herauf.
„Was wollt ihr denn, ihr Reiter schön?"
„Wir möchten Dein lieb Kindchen sehn;
Man sagt, es sei wie's Täubchen gut,
Wie's Lämmchen hab' es frohen Mut;
Drum wolle gütig es uns zeigen,
Dass ihm sich unsre Herzen neigen."
„Nun, so seht mein liebes Kind;
Gutes Kind wohl Lieb verdient."
„Kindchen, sei uns schön gegrüßt,
Was der Mutter Müh versüßt!
Gutes Kind ist Liebe wert,
Fried' und Freud' sei Dir beschert.
Freude wir nach Hause bringen,
Lied vom guten Kind wir singen."

Die Reiter und das gute Kind.

Erklärung der Randzeichnung.

Indem Dein Kind auf Deinem Schoße ruht, und Deine Linke es sanft umschlingt, kommen die Finger Deiner rechten Hand, – vom kleinen Finger nach dem Daumen zu immer vorschreitend sich fortbewegend, das Getrappel von Pferden und Reitern darstellend, - gleichsam zu dem Kinde gelaufen; während der Dauer des Liedchens, auf diese Weise abwechselnd, sich bald nähernd, bald wieder entfernend.

Mit diesem und dem folgenden Spielchen betreten wir nun überwiegend die Stufe der Gemüts-, der Charakter- und der Willensbildung des Kindes; alles, was bisher wohl dafür geschah, geschah immer mehr zufällig und nebensächlich, was jetzt geschieht, geschieht aber mit klarer Umsicht und Bestimmtheit dafür.

Ritter und Reiter mit dem Ausdrucke der freien Selbst- und Willensbestimmung und dem, der Beherrschung fremder, schwierig beugsamer, auch selbstständiger, wenn auch roher, und Naturkraft: Ritter und Reiter sind es darum, die des Knaben, wie des Mädchens Aufmerksamkeit früh fesseln, die ihnen bald musterhaft in zauberhafter – wir möchten sagen idealer Schönheit dastehen; deren Urteil und Meinung ihnen darum auch keineswegs gleichgültig ist, sondern ihnen etwas, und zwar etwas Bedeutendes gilt. An diese knüpft darum auch das Spiel und Lied sein Wort und den Weg zu dem Ziele an, welches Spiel und Lied im Kinde gern erreichen möchten.

Doch das Motto warnt uns, Mutter, dabei achtsam zu sein, und so ist es! Die Trennung ist im Kinde eingetreten zwischen sich und einem Zweiten; ein Messen, ein Vergleichen, Abwägen; das Kind verwechselt auf dieser Stufe nur gar zu leicht das, was es erst noch werden soll, mit dem, was es schon ist, und glaubt so, macht sich wenigstens gern glauben, dass es das schon sei, was es doch erst noch werden solle. Ja wir selbst und Andere bringen es, in der Meinung, dass das Kind noch nichts davon verstehe, zu diesem Glauben; wir selbst bringen das Kind – indem auch wir in unserer Kinderliebe das, was wir in dem Kinde als schwache Anlage, als keimend und als erst werdend jetzt schon lieben, nicht von dem unterscheiden, was das Kind erst wirklich ist – durch unser eigenes Betragen, in sich zu dem Glauben, als sei es schon das in der Wirklichkeit, was wir doch nur im Voraus, als erst werdend, jetzt schon in ihm lieben; und dadurch, durch dieses, für uns, wie für das Kind, nicht hinlängliche Scheiden des schon Seienden von dem erst Werdenden, bringen wir uns, wie dem Kindlein, so großen Nachteil. Möchten wir, zum Heile beider, uns dies recht einsichtig machen.

Das Kind soll zwar durch die Zuneigung, Liebe und Achtung, durch die Meinung anderer von sich, für das Gute geweckt, dasselbe in ihm gestärkt und entwickelt werden; allein es soll dies von Seiten der Anderen und zunächst von Seiten Eurer, Ihr

Eltern, zunächst von Seiten Deiner, liebende Mutter! in der Art und Weise geschehen, dass es fühle: die Neigung und Liebe gelte ihm nur insofern, als es selbst wirklich gut sei, gelte ihm nur, um des schon wirklichen Gutseins willen; dass es fühle, nur insofern, als es selbst gut ist, werde es auch von Andern geliebt.

Das Kind muss bald in deinem Betragen, durch dasselbe und aus demselben heraus fühlen lernen: Dein freundliches, liebendes Betragen gelte ihm nicht als kleine äußere Person, sondern nur seinen Gesinnungen, dem Ausdrucke seines Innern, sehr häufig nur der guten Hoffnung wegen, welche man von ihm hege; wenn also Gesinnungen und Inneres trübe, wenn die Hoffnung sich mindere, dann auch die Liebe zurück trete.

Also, Mutter! wie in Deinem Kinde die Aufmerksamkeit auf fremdes Urteil erwacht, wie es sich trennend und beachtend dem Urteile Anderer über sich, gegenüber stellt: dann Eltern, und dann alle, die Ihr auf Kinder einwirkt, habt Ihr wesentlich ein Zweifaches zu beachten: erstlich müsst Ihr, wie schon gefordert, in Euerm Urteile über das Kind und im Betragen gegen dasselbe klar das, was Euer Kind erst ist, von dem unterscheiden, was es noch werden soll und werden kann. Dann zweitens müsst Ihr aber auch in Euerm Betragen gegen Euer Kind in Beziehung auf das, was es wirklich schon ist, das Äußere und Persönliche seines Erscheinens klar und bestimmt von dem inneren Keime und Grunde, von den Gesinnungen und der Absicht desselben unterscheiden; damit es nicht eine falsche Meinung von seiner kleinen Person bekomme und in derselben bestärkt werde.

In dem richtigen Erfassen oder Nichterfassen des hier Dargelegten, und im sinnigen Nachleben nach demselben, liegt für das Kind der Wendepunkt seines Strebens nach dem inneren Sein oder dem äußeren Schein. Und so siehst Du, Mutter, wie Du wenigstens das Nähren und Pflegen dieses Strebens und schon in den ersten und kosenden Säuglingsspielen in Deiner Gewalt hast; denn da ist des Kindes späterer Lebensfluss auch erst noch ein Quellchen, was der sanfte Druck der Hand nach Gefallen, da oder dort hinleitet, dem als Strom später keine Gewalt seinen Lauf bestimmt.

Doch noch etwas Anderes ist es, was in Deinem Kinde frühe die Achtung des Guten, die Nacheiferung und das Streben es zu erringen, d. h. selbst gut zu sein, weckt, d. i. nicht sowohl die Achtung und Anerkennung, welche Du dem Guten in und an ihm, an dem Kinde; sondern vielmehr die Achtung und Anerkennung, welche Du dem Guten an einem Fremden, welche Du diesem Fremden um seines Gutseins willen, beweisest. Jede Auszeichnung des Fremden, welche dem Kinde gerecht und verdient, welche ihm erreich- und erringbar erscheint, weckt dessen Nacheiferung, spornt sie an.

„Mutter! wie mag doch das Liedchen vom guten Kinde nur klingen,
Welches die Ritter, den Kindern zu Hause wollen vorsingen?" —

„Auf lasst uns in fröhlicher Weise
Euch singen von unserer Reise
Ein Liedchen vom freundlichen Kind.
Kommt, Kinder, hört es geschwind! –
Auf der Mutter weichem Schoße,
Wie im moos'gen Kelch die Rose,
Fanden wir ein gutes Kind,
Fröhlich und doch sanft und lind;
Und wie war das Kind so kräftig,
Wie mit Arm und Hand beschäftig,
Zu gestalten, aufzubauen,
Sinnig seiner Kraft zu trauen. –
Wenn ihm Etwas fiel darnieder,
Immer holt das Kind es wieder
In die Höhe, unverdrossen;
Englein schienen ihm Genossen.
Mutterlieb war solches Englein,
Küsste sanft die ros'gen Wänglein,
Küsste auf die Stirn ihm Segen.
Da begann ein neues Regen;
Alles soll die Mutter haben,
Alles war'n ihm Dankes Gaben,
„Mutter nimm!" und „Mutter da!"
„Bist mir liebe Mutter ja!"

Jetzt ging's an ein Laufen, Springen,
Wollt' von Fern her Alles bringen. -
Doch jetzt kehrt 's zur Mutter wieder,
Setzt sich auf den Schoß still nieder,
Sank nun an der Mutter Brust,
Ihr zur Freude, sich zur Lust.
Fern vom Leide, fern vom Harme,
So umschlang 's mit seinem Arme
Seine Mutter, 's war nun müde –
Ach wie schlummert es in Friede!
Äuglein schlossen sich in Ruh,
Mutter sang ein Lied dazu.
Legt' das Kind nun sanft in 's Bettchen',
Fest hielt dies sein liebes Brettchen,
Womit es so schön gespielt,
Wodurch 's glücklich sich gefühlt. –
Mutter beugt sich betend 'nüber
Schlägt das leichte Deckchen drüber.
Jetzt sieht man am Kindes Lächeln,
Dass im Schlaf es Engel fächeln." –
„Mutter, lieb' Mutter, bin auch nun müde."
„Schlafe, mein Kind, schlaf' in Friede."

42.
Die Reiter und das gute Kind

Die Reiter und das missgelaunte Kind.

„Dass das Gute die Menschen ziehe,
Dass das Schlechte der Gute fliehe:
Lehr' dem Kind dies früh erschaun,
Lebensglück sich zu erbaun."

Es reiten die Reiter im vollen Lauf,
Sie reiten in den Hof herauf.
„Was wollt ihr denn ihr Reiter schön?"
„Wir möchten gern Dein Kindchen sehn!"
„Ach, liebe Reiter, es schreit gar sehr,
Ich bring's nicht zu Euch Reitern her;
Es ist so mürrisch, es ist so kraus,
Es macht uns bald zu eng das Haus."
„O, dies tut uns ja gar zu Leid,
Mit schönen Liedchen wir's gern erfreut;
Doch jetzt wir reiten fort im Lauf
Und suchen uns frömmere Kinder auf."

Die Reiter und das missgelaunte Kind.

Erklärung der Randzeichnung.

Äußeres des Spieles wie vorhin.

Unfreundlichkeit, Misslaute und Mürrischkeit, besonders noch kleinerer Kinder, sucht man sehr häufig dadurch zu vertreiben, dass man Lärmendes, Rauschendes und so Betäubendes in ihre Nähe bringe; allein so oft dies auch geschieht, so selten kommt man dabei zum Ziele; es liegt diesem Verfahren zwar etwas ganz Wahres zu Grunde, allein das nicht klare Erkennen desselben, das nicht bestimmte Erfüllen seiner Forderungen scheint den Erfolg dieses Verfahrens so oft misslingen zu machen.

Unzufriedenheit und Unfreundlichkeit, Misslaune und Mürrischsein haben bei dem Kinde, wenn nicht in körperlichem Übelbefinden, häufig ihre Ursache in zu heftiger, einseitiger Gemütsbewegung, welche eben in ihrer Einseitigkeit zu stark auf das Kind einwirkt, als dass es im Stande sein sollte, sich durch eigene Kraft aus den Fesseln derselben loszureißen; da muss dann sinnige Beachtung und Kinderpflege dem armen Kinde, dem in seiner Misslaune selbst nicht wohl zu Mute ist, entsprechend zur Hilfe kommen; dies geschieht nun am besten dadurch, wenn sein Blick schnell auf etwas Anderes, Unerwartetes, aber durch sein Erscheinen die Aufmerksamkeit Fesselndes hingewandt wird, doch macht es hier keineswegs das Lärmende und Betäubende der Erscheinung, welches im Gegenteil nur zu oft das Übel noch vermehrt, sondern das Unerwartete, Überraschende und vor allem Eindringliche der Erscheinung.

So habe ich gesehen, dass sehr erregte Kinder, welche sich gar nicht beschwichtigen lassen wollten, abends durch unerwarteten Anblick des Mondes, welchen man ihnen zeigte, indem man sie zugleich in einen anderen Raum trug, sogleich wirklich in sich ganz beruhigt und zufrieden gestellt wurden. Am Tage habe ich dasselbe durch das unerwartete Hinführen zu regem Leben, z.B. der Hühner, gesehen. Aber auch das unerwartete sich Wegwenden einer Sache kann Gleiches in Deinem Kindlein bewirken. Beides will hier dies Spielchen und Liedchen verknüpfen, wie es dies abermals an die Ritter und Reiter anknüpft, die in ihrem Erscheinen so leicht des Kindes Achtsamkeit, und selbst schon im kräftigen Worte fesseln.

Motto und Spielchen erklären sich übrigens leicht durch sich selbst, wie sie klar den Geist desselben deuten.

Auch findet der Schluss der vorigen Erklärung hier seine Anwendung.

<h1 style="text-align:center">43.</h1>

<h1 style="text-align:center">Die Reiter und das missgelaunte Kind</h1>

M.M. ♩. = 72.

Kindchen verstecke Dich!

„Dass man Gutes müsse wahren,
Lass auch bald Dein Kind erfahren;
Dass Du Gutes weißt zu schätzen,
Daran lass Dein Kind sich letzen."

Fünf Reiter kommen im vollen Traben,
Sie woll'n so gern mein Kindchen haben.
„Du, mein Kindchen, verstecke Dich,
Dass die Reiter nicht finden Dich."
„Reiter, liebe Reiter,
Reitet immer weiter;
Will's Euch kurz verkünden,
Könnt mein Kind nicht finden."
Hopp, hopp; hopp, hopp; hopp, hopp.
So reiten sie fort im Galopp.
„Kindchen, schau nun fröhlich auf,
Die Reiter reiten davon im Lauf."

Kindchen verstecke Dich.

Erklärung der Randzeichnung.

Das Äußere dieses Spielchens ist in Beziehung auf den Gebrauch der Hand und Finger mit dem vorigen gleich. Auf welche verschiedene Weise Du, Mutter, dabei Dein liebes Kind verstecken kannst, es sich wohl auch selbst verstecken könne, mindestens sich zu verstecken meine, wer wollte euch beiden dies erst lehren.

Dem inneren Geiste nach hängt dies Spiel mit dem vorigen zusammen, indem es an den inneren, menschlichen und Gemütsverband des Kindes mit andern Menschen anknüpft, denselben pflegend und erziehend aufnimmt; doch erfasst es sein inneres Leben noch inniger, indem es dem Kinde seinen Herzens- und Gemütsverband mit der Mutter bestimmt fühl- und empfindbar macht. Dass das Fühlbarmachen und Fühlen des Verbandes, so viel als möglich, immer durch einen und denselben vermittelnden Vergleich, hier die Ritter und Reiter, hindurch gehe, ist für das Kind und sein Vereins- leben mit Dir, Mutter, höchst wichtig; sonst wird die Verbindung und der Verband mit Dir nur zu häufig zu einem – Dir, wie dem Kinde in physischer, wie moralischer und intellektueller (leiblicher, sittlicher und geistiger) Hinsicht – gleich nachteiligen und lästigen Zusammenwachsen, dessen Heraufkommen vermieden werden muss.

Noch eins drängt sich hier uns, teure Mutter, zur Betrachtung entgegen, dem wir zu unserer Klärung als Erzieher unsere volle Aufmerksamkeit einmal nicht versagen dür- fen, ob es gleich in den vorstehenden Spielliedchen und den Sinn- und Gedenk- sprüchen dazu schon mehrmals vorübergehend berührt und angedeutet worden ist.

Es ist dies Dein inneres Stehen in und zu Dir, und besonders Dein innerstes Stehen zu Deinem lieben Kinde, d.h. Deine Ansicht von seinem Wesen, seinem Leben, seinem Treiben. Was Du achtest oder missachtest, was Du schätzest oder missschätzest, wie Du es achtest und schätzest und in dieser Achtung und Schätzung pflegst, gebrauchst; wie Du Dich darin in Dir, in Deiner Familie zu den Deinen, namentlich zu Deinen Kindern selbst, und wären sie auch noch so klein, dass Du meinst, sie verstehen auch nicht das Geringste davon, zeigest, dies ist für Dein Kind, als wirksames, wie unschein- bares Erziehungs- und Bildungsmittel auf das Höchste wichtig.

Du bist Deinem Kinde, es ist Dir, Ihr seid Euch gegenseitig, wie Ihr es Euch ja oft gegenseitig aussprecht, Euer Alles. Mutter, bedenke was in diesen Worten liegt! sei es nicht nur im Gefühl, sei es auch im Erkennen und dem gewissen Tun. – Auch das Gefühl kann missverstanden über seine Grenzen hinaus gesteigert werden, und dann wirkt es, anstatt wohltätig, nachteilig für Dein Kind und für Dich.

„Mutter, warum wollten denn nur die Reiter das Kindchen haben?“

Ja sieh, weil es ein gutes, liebes Kindchen war, deshalb wollten es auch die Reiter gern haben; allein die Mutter hatte es darum auch lieb, und gab es den Reitern nicht, zeigte es ihnen nicht einmal.

„Auch Kindchen, Du bist mir gar lieb und gar wert,
Dich hat ja die Liebe von Gott mir beschert;
Und bleibst Du nur lieb und bleibst fromm und recht gut,
Bewahrest Dir heitern, fröhlichen Mut,
So bleibet für immer das Band fest gewunden,
Das uns hat so innig in Liebe verbunden;
Und kommen die Reiter, wollen Dich haben,
So sag ich: mit Nichten, man wahrt solche Gaben.“
„Ja, Mutter, will gut sein, will bleiben bei Dir,
Nur habe auch lieb mich, bleib' gut nur auch mir.“

44.

Kindchen verstecke Dich

Verstecken des Kindes.

„Warum mag wohl das Kindchen mein
Versteckenspiel so sehr erfreun?"
„Es ist das Gefühl der Persönlichkeit,
Was jetzt schon Dein Kindchen so hoch erfreut:
Es ist das Gefühl, sich selbst zu erkennen,
Wenn 's höret seinen Namen nennen;
D'rum wenn zum Versteckspiel Dein Kindchen neigt,
Hat's neue Entwickelungsstufe erreicht.

Von jetzt an musst Du es nun sorglich bewahren;
Denn diese Gefühle umschweben Gefahren.
Kannst Sinnigkeit und Sittigkeit
Und so Vertraun und Offenheit
Du jetzt schon in dem Kind erwecken,
Dass sie bleiben,
Wurzeln treiben,
Nie wird es je sein Tun vor Dir verstecken."

Kindchen, lieb Kindchen Du!
Sag mir, wo weilest Du?
Wer sagt mir, wo mein Kindchen ist?
Ich hab' so lang es schon vermisst;
Ich find es nicht am alten Ort:
Fort ist es, fort; fort fort, fort fort.
Wer mir kann mein Kindchen zeigen,
Schönsten Dank will ich ihm reichen.
Da ist's nun da, das Kindchen ja;
War dem Herzen ja so nah!
„So kann's im Leben oft geschehn,
Dass man das Nächste nicht kann sehn."

Versteckspiel.

Erklärung der Randzeichnung.

Das Versteckspiel Deines Lieblings am Busen und am Halse, zwischen den Armen, unter Mantel und Tuch, im Schoße, - wir sprachen es uns ja vorhin schon aus, - wer kennt es nicht in seiner immer wieder neuen und unerschöpflichen Freudenquelle für Dein herziges Kind und für seine kaum etwas älteren Geschwister. Wegen dieses unerschöpflichen, nie alternden Reizes, wegen dieses gleichsam Verwachsenseins mit Kindheit und der Kindesnatur muss es – wir sagten uns dies schon bei anderen Gelegenheiten – als ein fast immer nahes auch für die Erziehung des Kindes, für dessen Entwickelung höchst wichtig sein, und, teure Mutter, so ist es.

Allein das so natürliche und ursprüngliche Verbunden-, ja Geeintsein des Kindes mit dem Mutterherzen, Mutterleben und Muttertun, kann schon missverstanden und über die heilsamen Schranken hinaus, für Dich, Mutter, wie für Dein liebes Kind nachteilig wirken, das erkannten wir im vorigen Spielchen; wenn aber nun schon die Einigung, missverstanden, nachteilig wirkt, wie viel mehr muss es noch die Trennung bei Unklarheit, Missdeutung und Missverständnis tun. Und, Mutter, so ist es wirklich. Und dennoch gibst Du durch Dein so liebliches, Dein Kind so hoch erfreuendes Versteckspiel, ohne dass Du es im mindesten ahnst, zu dieser Trennung die erste Veranlassung, und wohl Dir, dass **Du** sie gibst; allein das weißt Du auch, ja fühlst es in Deiner Kindleinspflege oft schon lebhaft genug, es ist Dir auch bei Deinem Versteck-spiel nicht fremd: alles Geben ist an ein Nehmen geknüpft und alles Geben keimet aus Nehmen; darum wisse auch und mache Dir klar, dass Du in Mutterliebe und Lust dennoch die Veranlassung zur Trennung gibst: Dein Kindchen soll sich ja vor Dir verstecken, also von Dir sich trennen; es möchte sich so vor Dir verstecken, Dich so von sich trennen, dass Du es wenigstens recht lange gar nicht sähest, gar nicht fändest. Siehe, hier keimt die Gefahr! – Hüte Dich, mache nicht, dass das Kind an der Trennung von Dir, daran, dass Du es recht lange und gar nicht siehst und findest, solchen Gefallen finde, um sich immer mehr vor Dir zu verstecken, sich immer länger vor Dir zu verbergen, ja dass es sich am Ende gar so vor Dir verbergen und verstecken möchte, dass Du es gar nicht fändest, gar nicht sähest. Sei sorgsam, Mutter, wenn Dein Kind in seiner Entwickelung dahin übergeht, statt sich und seine Person, Handlungen vor Dir zu verstecken. Sei sorgsam, dass sich dann an die reine Spiellust, sich vor Dir zu verstecken, zu verbergen, nicht vielleicht zufällig, unerwartet, ungeahnt eine Hand-lung knüpfe, welche Dein Kind vielleicht gern bleibend vor Dir verbergen möchte. Hier ist der oben angedeutete Keim einer Gefahr, auf welcher, in deren Ausmalung und Auseinanderlegung, wir hier nicht zu lange in der Betrachtung verweilen, sie uns aber dennoch klar aussprechen wollen. Es droht hier die Gefahr und keimet hier die

Möglichkeit, dass das Kind später seine Handlungen, sich in seinen Handlungen vor Dir verberge, verstecke, wo es besonders fürchten muss, dass Du sie, wenn sie Dir bekannt würden, nicht nur nicht billigen, sondern sie sogar missbilligen, ja rügen, selbst bestrafen würdest. Ich will die hässlichen Entwicklungen von der Umgehung und Umbeugung der Wahrheit des Sach- und Tatbestandes zur wirklichen Unwahrheit und Lüge nicht weiter ausführen, um Dein Mutterherz nicht zu ängstigen, sondern lieber Dir sogleich auf Deine Frage: Wie kann ich aber in dem unschuldigen Spiele, welches doch so innig, einig mit dem freudigen, frischem und heitern Entfalten meines Kindchens zusammen ist, all' jene angedeuteten hässlichen Folgen meiden?

Gib nur, Mutter, recht auf den Spielsinn und die Spielweise Deines Kindchens Acht, und Du findest gar leicht dieses Mittel, und in nicht minder lieblicher Gestalt als das Spielchen selbst. Sieh nur sein ganzes Wesen, wenn es sich versteckt: so tief es sich versteckt und vermummt, so hat all' seine Sorgfalt dafür den Ausdruck und die Vorfreude, dass es Dich, dass Du es wieder finden wirst. Sieh nur seine vor Freude leuchtenden Augen an, wenn es Dich wieder gefunden hat. Warum versteckt es sich aber nur? – es könnte ja immer unversteckt in Deinem Arme, Schoße, an Deiner Brust ruhen, da sähe es ja Dich und Du sähest es immer! Versteckt es sich also, um vor Dir verborgen, versteckt es sich, um von Dir getrennt zu bleiben? – Gott behüte, es versteckt sich des steigenden Gefühls, der steigenden Freude, um des sich immer neu steigernden Gefühls, der sich immer neu steigernden Freude willen, innig einig mit Dir zu sein, und sich dieser einigen Einigung recht bewusst zu werden. Sieh, Mutter, in dem Maße sich nun Dein Kind mit Lust länger und tiefer vor Dir versteckt, in dem Maße wächst auch in ihm das Gefühl, ja es steigert sich zum Bewusstsein, innig einig mit Dir zu sein, steigert sich die Lust, Dich wieder zu finden, Dich wieder zu sehen, von Dir wieder gefunden, von Dir wieder gesehen zu werden. Hier nun musst Du, Mutter, um der oben angedeuteten Gefahr zu entgehen, in Deinem lieben Kinde die Lust am Wiederfinden, die Freude des Wiedersehens steigern. Also hier ist der Punkt zur Vermeidung der oben angedeuteten Gefahr; aus dem Punkte, wo die Gefahr kommen sollte, zu kommen drohte, da sinnige, fromme, Gott treu und gläubig ergebene Mutter, da kommt, wie überall in Gotteswelt, Dir die Hilfe und statt Leid kommt Freude; die mit der steigenden, sich gleichsam vergrößernden äußern Trennung, recht erkannt und recht gepflegt, unmittelbar verbundene Steigerung der inneren Einigung: **das** ist der Punkt, wo sich der so unheilvoll erscheinende Knoten zum Heil und Einklang, zu Fried' und Freude löst.

> „Nur die Einigung ist Zweck, ist Ziel,
> Selbst die Trennung – nur die Ein'gung will.
> Lerne, kindheitpflegend, dies Gesetz anwenden.
> Himmelsfreude wird Dir Kinderpflege spenden."

45.
Versteckspiel

Guckguck!

„Was auf dieser Kindesstufe
Ist dem Kind der Mutter Guckguckruf,
Ist auf höherer Entwicklungsstufe
Einst dem Kindchen der Gewissensruf:
Hört's den leisen Schlag,
Folgt ihm willig nach,
Lässt's sein Herzchen nicht allein:
Fröhlich wird's dann stets mit ihm beisammen sein,
Als das schönste Lebens = Ein."

„Guckguck! Guckguck!"
Der Kuckuck ruft das Kindchen
„Guckguck! Guckguck!"
Ruf' ihn doch auch geschwindchen;
„Guckguck! Guckguck!"
Der Kuckuck ist so ganz allein,
„Guckguck! Guckguck!"
Er möchte gern beim Kindchen sein,
„Guckguck! Guckguck!"
Jetzt hat ihn gefunden mein Kindchen klein,
Nun können sie fröhlich beisammen sein.

Guckguck.

Erklärung der Randzeichnung.

„Aber warum nun das Guckguckspiel?" – sagt vielleicht Jemand, welcher der Kinder so tief sinn- und bedeutungsvolle Spiele nur äußerlich betrachtet; „warum uns noch das Guckguckspiel? – ist dies denn etwas anders als das bloße Versteckspiel, wobei ich nur eben Guckguck sage?" – Wohl ist es etwas ganz Anderes, wenn auch jenem innig Verwandtes; es ist eine Erweiterung eine Fortentwickelung des Versteckspiels; wie denn auch wirklich das eigentliche Guckguckspiel in der Reihe der Kinderspiele später eintritt, als das reine Versteckspiel. Was ist denn nun aber der Unterschied zwischen beiden, und was ist denn das Wesen der Fortentwicklung in diesem? – Beachte Deiner Kinder Spiel nur genauer, sinnige Mutter! und Du wirst den Unterschied leicht finden. Im ersteren erscheint Trennung und Einigung mehr geschieden, gleichsam um sich beider umso mehr und klarer bewusst zu werden; bei dem letzteren, bei den Guckguckruf sind beide gleichsam vermittelt. Es ist Einigung, in der Trennung, und Trennung in der Einigung, was das Guckguckspiel zu einem so eigentümlichen, dem Kinde in dieser Eigentümlichkeit zu einem so lieben Spiele macht. Gefühl und Bewusstsein der Einigung in der Trennung, und der Trennung d. i. der Persönlichkeit in der Einigung, das ist aber auch das Wesen, die tiefe Grundlage des Gewissens. Und so kommt in dem heiteren Guckguckspiel und Rufe dem Kind schon des Gewissens Ruf. Und wohl, Heil und Segen, Friede und Freude dem Kinde, welchem durch sein ganzes Leben hindurch der heitere Gewissensruf die Vorahnung baldiger höherer Seelen- und Geisteseinigung, Einigung selbst mit dem Höchsten ist! nun im Gefühl und Bewusstsein, nie wieder getrennt zu werden. Klar steigt dann die höhere einigende Lebenssonne herauf, wie auf diesem Bilde über dem Haupte der Mutter, um gleichsam sie und die beiden spielenden Kinder im höheren Lichte zu einigen – um nie wieder unterzugehen.

> „Wüsst ich, lieb' Mutter, nur Etwas gewiss";
> „Hör' auf Dein Herzchen, Du weißt's dann gewiss:
> Weißt ja gewisslich, das Gutsein still Freude Dir macht;
> Achte nur darauf, was innige Freude Dir sagt;
> Weißt, dass der Eltern lieb' Kindchen Du bist,
> Weißt selbst, dass Gott Dein Vater auch ist.
> Musst nur dies Wissen recht rein in Dir pflegen,
> Liebe und Treue und Dank in Dir hegen."
> „O Mutter, lieb' Mutter, das weiß ich gewiss,
> Nur Du auch, lieb' Mutter, mein nimmer vergiss.

46.

Guckguck

47 u. 48 *wird gesprochen*

Der Kaufmann und das Mädchen.

**„Das Kind erfreu'n des Kaufmanns Gaben,
Am Kinde die Mutter möcht' Freude haben."**

Mutter, Mutter! ich bitte, bitt',
Nimm mich doch zum Kaufmann mit.
Schränke, Wiegen, Püppchen schön,
Alles ist bei ihm zu sehn;
Stühle, Tische, Hausgeräte,
Für das Püppchen schönes Bette.
Weihnachts - Jahrmarkt ist ja heut,
Der so prächt'ge Sachen beut.
Mutter, möcht' zum Kaufmann laufen,
Dort was Schönes einzukaufen,
„Kannst wohl mit zum Kaufmann gehen,
Schöne Sachen dort zu sehen;
Aber eins hör' im Vertraun:
Freundlich nur die Sachen schau'n
In der Mutter Aug' hinein,
Wenn sie führt ein Töchterlein,
Lieb und artig, fromm und gut,
Stets mit heiterm, frohen Mut;
Doch wenn's Kindchen brummig ist,
Sich der Mutter Aug' verschließt,
Dass von all' den schönen Sachen
Nichts sie kann kauflustig machen;
Und ist Mutter kauflustig nicht,
Christkind das Kaufen auch vergisst."
Mütterchen, Mütterchen komm, o komm!
Will artig sein, recht fleißig und fromm.
„Lieber Kaufmann sage mir an,
Was man bei Dir haben kann;
Was hast Du für fleißige Mädchen?"

„Schau, gar nette Spinnerädchen,
Eine Küche, Küchengerät,
Teller, Schüsseln, Töpfebrett;
Alles ist blink-blank, ist niedlich und fein
Wie ein recht sorgliches Töchterlein."
„Wenn, Kaufmann, nun das Christkindchen kommt,
Sag ihm, Amalie sei hier gewesen;
Es möchte für sie was Schönes auslesen,
Was sie erfreue, und was auch ihr frommt;
Sie sei ein gutes, ein williges Kind,
Es folge auf Winke und Worte geschwind."

Der Kaufmann und der Knabe.

„Die Hand den Kaufmann zeigt gewandt;
Leicht zieht das Kind auch diese Hand,
Wenn sie früh lenkt mit Liebessinn
Das Kindchen schon zum Guten hin."

Vater, Vater! sei so gut,
Nimm doch Deinen Stock und Hut;
Lass uns schnell zum Kaufmann gehn,
All' sein Schönes zu besehn:
Schafe, Rinder, Hirt und Herde,
Und vor allem rasche Pferde;
Vater, Vater! bitte, bitt',
Nimm mich doch zum Kaufmann mit.
Christfestjahrmarkt ist ja heut,
Der so schöne Sachen beut.
„Knabe, kannst wohl mit mir gehen,
All' sein Schönes zu besehen;
Eins doch muss ich Dir vertraun:
Die Sachen den Vater gar finster anschaun,
Wenn ihn ein kleiner Knabe begleitet,
Welcher nicht folgt, das Schlechte nicht
        meidet;
Welcher nicht immer ist fleißig und gut,
Der nicht hat sinnigen, frohen Mut.
Und wenn dem Vater fürs Kind nichts gefällt,
Das Christkindchen auch für den Knaben
        nichts wählt."

Vater, mein Vater! o komm nur und komm!
Will schon recht tüchtig sein, wacker und fromm.
„Kaufmann, ich höre Du habest für Knaben
Schöne und nützliche Weihnachtsgaben;
Zeige mir nun Deine lieblichen Sachen,
Ob sie wohl Lust zum kaufen mir machen?"
„Hier sind Wagen, Radberren, Schubkarren,
D'rauf kann der Knabe was Tüchtiges fahren:
Hier sind Pferde mit raschem Blut,
D'ran kann der Knabe üben den Mut;
Hier sind Bogen und Köcher mit Pfeilen,
Spannt Bogen die Kraft, die Pfeile enteilen.
Wie könnt' ich Dir all' meinen Kram her erzählen,
Schau darum selbst, Du magst Dir dann wählen."
„Wenn, Kaufmann, nun das Christkind kommt,
So sag ihm: mein Adolf sei hier gewesen,
Es möchte für ihn was Gutes auslesen,
Was ihn erfreut und was ihm auch frommt;
Er sei ein gutes, ein williges Kind,
Er folge auf Winke und Worte geschwind."

Der Kaufmann und das Mädchen.
Der Kaufmann und der Knabe.

Erklärung der Randzeichnungen.

Die Handstellung dieses Spielchens ist nicht eben schwierig, auch sonst mehrseitig bekannt; überdies zeigt sie auch die letzte Zeichnung ziemlich genau. Drei Finger jeder Hand, die sich oben in ihren Spitzen berühren, bilden gleichsam des Kaufmanns Gewölbe, des Kaufmanns Laden; der kleine Finger der einen, z.B. der linken Hand bleibt dagegen frei und bildet den, in seinem Gewölbe, in seinem Laden stehenden Kaufmann, der Zeigefinger der andern, hier der rechten Hand, bildet dagegen den Ladentisch, indem er sich an das untere Gelenke des linken Zeigefingers dicht anlegt. Die beiden Daumen bilden die beiden vor der Bude, oder vor dem Ladentisch stehenden Käufer; auf der zuerst genannten Tafel, die Mutter und das Mädchen; auf der zweiten Tafel den Vater und den Knaben. Auf der Zeichnung bilden die beiden Zeigefinger gegenseitig nebeneinander liegend den Verkaufstisch; dies ist aber nicht nötig, ein Finger genügt.

Das äußere Leben hat auch seine Rechte und der Markt des Lebens auch. Wenn das Kind und der Mensch sich in sich klar gefunden und sicher fest hat, dann können sie auch mit Freudigkeit in das Leben und auf den Markt desselben treten, und hundert und aber hundert Dinge desselben nicht nur äußerlich, sondern vorzüglich auch innerlich, nicht allein zu sich, sondern ganz, namentlich auch zum Wesen und Bedürfnisse des Menschen in Beziehung setzen, um in den verschiedenen Erzeugnissen und auch wieder Bedürfnissen des Menschen gleichsam in einem Spiegel des Leben zu finden und es darin zu schauen, um, nach dem Ergebnis dieses Abspiegelns, sich nach Möglichkeit auszuwählen und anzueignen, nicht nur was äußerlich nützlich ist, sondern auch was innerlich erfreut; was ihm nicht nur äußerlich zusage, sondern auch was ihn innerlich immer mehr froh mache. Und dieses innere und so wahrhaft fromme Frohmachen ist eigentlich, so wenig es auch erscheinen, so wenig und selten es auch gewöhnlich erreicht werden mag, der dunkel geahnte Zweck der Besuchung des Lebensmarktes, der innere dunkle Grund der Freude, des Gefallens des Kindes am bunten Vielerlei des Marktes; mache nur denselben lebhaft empfinden. Schönes kann der ihn Besuchende dann wählen und Nützliches, wie es das Leben, wie es Geschlecht und Lebensberuf bedarf, zur Pflege des häuslichen, des Familienlebens; das Mädchen, die Jungfrau, die Mutter, die Hausfrau, das Sinnige, Zarte, Nützliche, und zum Schutze desselben, der Knabe, der Jüngling, der Mann und Vater, das Kräftige, Starke; ans Nützliche und Schöne knüpft sich das Gute an, keimt, sprosst, wächst aus ihm; Zartes und Hartes, Weiches und Starkes einigt sich zum schönsten Lebenseinklang; aus dem äußerlich Ebenmäßigen, Entsprechenden, aber getrennt nebeneinander, ja wohl durcheinander liegenden, blüht das innerlich Geeinte hervor und erschaut sich so gegenseitig.

Also Ahnen, des Innern im Äußern, des Einigen im Getrennten, der Einheit im Mannigfaltigen, des Allgemeinen im Besondern: das Leben im Bilde und Spiegel zu schauen, sich selbst im Letzteren; das äußere Leben so kennen zu lernen und Mittel zu finden, sein inneres eigenes Leben außer sich darzustellen, das sind die Gründe des inneren unbewussten Ziehens, Drängens zum Besuche des Marktes. – Mit Wenigem, Äußeren ist darum Dein Kind, wenn es noch wahrhaft Kind ist, zufrieden, kehrt es vom Markte heim und ist ihm seines Herzensahnen erfüllt: sei es ein Püppchen oder ein Wagen, sei es ein Pfeifchen oder ein Schäfchen, wenn es darin und dadurch nur sich und seine Welt findet und tatweise darstellen kann.

Der Besuch eines Marktes macht darum für ein Kind in seiner Entwicklung immer einen Einschnitt.

> „Die Sorgfalt begleite Dein Kindchen zum Markte d'rum hin;
> Auf dass ihm des Marktes Besuch sei auch Lebens-Gewinn."

Kirchentür mit Fenster.

„Wo sich Einklang in der Mehrheit zeiget,
wo er in Gestalt und Tönen spricht,
Da sich früh des Kindes Sinn hinneiget,
Dies zu pflegen, Eltern säumet nicht;
Lasst vor allem früh das Kindchen ahnen,
Dass ein höchstes Streben alle eint.
Höchstes Lebensglück früh anzubahnen,
Nicht so schwer ist's, wie Ihr meint.
Doch muss dieser Sinn selbst in Euch leben,
Seele sein, von allem, was Ihr thut;
Höchstes habt Ihr so dem Kind gegeben,
Schützend nun es in sich selber ruht.

Nichts ist mehr im Stand, es ihm zu rauben,   Meinet nicht, dazu sei's noch zu kleine,
Innig eins ist's im Gemüt und Geist.   Ein Magnet im kleinsten Kinde liegt,
Gebt dem Kinde, Eltern! solchen Glauben,   Der ihm zeigt, wo Lebensein'gung eine,
Es Euch durch sein ganzes Leben preist.   Und auch welcher Sinn durch Trennung trügt.
             Willst Du nun Dein Kind Dir innig einen,
        Lass in Allem Deine Ein'gung mit dem Einigen durchscheinen."

Schau's Fenster mit dem klaren Schein   Wenn Du mit Blum' und
Dadurch scheint's Licht in's Kirchlein klein. Lämmchen spielst;
Auch sieh die große Tür hier stehn,   Wenn Mond und Stern
Durch sie kann man in's Kirchlein gehn.   mit Lust Du schaust,
Doch wer durch sie eintreten will,   Dem Vater und der Mutter traust.]
Der muß auch sein achtsam und still.   Bist groß Du, gehst Du auch hinein,
[Denn was sich tief im Herzen regt,   Da wird Dich Orgelton erfreun:
Wird da mit Sorgsamkeit gepflegt;   Lu, lo, la; la, lu, lo, la!
Zu finden was Dein Herzchen ahnt,   Auch der Glöcklein klar Getön
Wird Dir der Weg dort angebahnt: Klingt vom Türmchen,
Wer Blum' und Vögelein erhält,   o wie schön!
Und vom Christkindchen wird erzählt,   Pim, pam, paum!
Gedeutet was im Herzen fühlst;   Pim, pim, paum.

196

Die Kirchentür und das Fenster darüber.

Erklärung der Randzeichnungen.

Die Vorderarme, so viel als möglich senkrecht gestellt, bilden gleichsam die Türpfosten, und die Hände, von denselben ausgehend und über denselben, nach den kleinen Finger zu, eine Art Spitzbogen; die 4 Finger der einen Hand liegen etwas gespreizt über den 4 Fingern der anderen Hand und bilden so gleichsam ein Fenster gerade über der Tür, die beiden Daumen stehen, nach Art kleiner Glockentürme, in die Höhe.

Alle freitätigen Äußerungen des Kindeslebens sind sinnbildlich, deuten in äußeren Erscheinen auf inneres Sein, inneren Grund; daher das geistlich Liebliche, das sinnig Anziehende aller reinen Kindesäußerungen.

Was das Kind sich selbst ganz unbewusst und dunkel, darum auch so leicht missgreifend, in der Mannigfaltigkeit des Lebens ahnet und sucht, fühlt es jedoch noch lieber, und lebt es in der Einigung desselben, wo sie sich ihm ausspricht; des Lebens Einheit und Einklang.

Versammelndes, sinnendes und beratendes Zusammensein gibt ihm dies, von der errungenen im vorigen angedeuteten neuen Entwickelungsstufe an; daher das Anziehende alles Versammelnden, besonders beratenden Lebens der Erwachsenen für Kinder; daher selbst, wo das Kirchengehen in der Familie eine wirkliche innere Bedeutung und Beziehung auf das Leben derselben hat, das frühe Angezogenwerden des Kindes vom Besuch der Kirche, daher die zeitweilige, wirkliche Freude des Kindes am Besuche der Kirche; nicht der Inhalt des dort gesprochenen und gesungenen Wortes macht es Anfangs und zuvörderst; sondern, dass dort mit Aufmerksamkeit und Sammlung Aller gesprochen und gesungen wird, dass sich im allem Sprechen, Handeln und Singen ein gemeinsamer, alle einigender Beziehungspunkt, also die Nährung, Bekräftigung, die beginnende Deutung jenes Ahnens und Suchens, jenes Fühlens und Lebens in sich: - Einheit, Eingang und Einklang im Gesamtleben, bestimmt ausspricht, das macht es.

Allein auch die Frage nach dem Worte und nach der Bedeutung desselben muss dem Kinde, wenn sie kommt, aus dem Kreise seiner Erfahrung, seiner Gefühle und Vorstellungen, seiner geistigen Entwicklungsstufe und Bedürfnisse, entsprechend beantwortet werden.

Das Spielliedchen sucht dazu Andeutung zu geben; es gibt sie, diese Hinweisung, für zwei verschiedene Entwicklungsstufen des Kindes, für eine engere und eine weitere, eine frühere und eine spätere; Du, sinnige Mutter, denkend prüfende, wähle aus dem Angegebenen, entwickele, führe weiter, dazu wurde es angegeben.

Eines bleibt aber immer das Wichtigste dabei: die Erfüllung, Stärkung und Wahrmachung der Ahnung des Kindes: zum Herzen tönender und im Herzen tönend wiederhallender, wie im Leben sich auch klar abspiegelnder Einklang; Einigung und Einklang mit des Lebens Einheit, Grund und Quelle: mit

Dem Leben alles Lebens,
Dem Lichte alles Lichtes;
Der Liebe aller Liebe,
Dem Guten aller Güte:
„Gott!“

49.

Kirchfenster und Kirchthür

M.M. ♩ = 104.

50.

Der kleine Zeichner, wird wieder gesprochen.

Der kleine Zeichner.

**Ei! das Kindchen klein,
Möcht' schon Zeichner sein.**

„Fast ein Nichts erscheint des Kindes Kraft
Mindestens noch unbedeutend klein;
Aber was ist wohl, das allweg' Großes schafft:
Findest es im allerkleinsten Klein.
Alles, alles was nur um Dich her entsteht,
Sei es noch so unermesslich groß,
Alles aus dem Kleinsten stets hervor nur geht.
Was das ganze All birgt in dem Schoß,
Aus dem, Sinnen kaum Wahrnehmbar'n, geht's hervor.
Darum ist ja Gott so göttlich groß!
Ströme, deren Rauschen ganz betäubt Dein Ohr,
Wie die Sonnen, haben gleiches Los:
Aus dem Nichts hervor rief Gott sie, der sie schuf!
Sprach Er nicht: Sei auch im Kleinsten treu?!
Und Du wolltest nicht im Kind verstehn den Ruf?
Meinest Du, dass hier es anders sei?
Darum, Eltern, macht es Euch zum wichtigsten Geschäfte,
Treu zu pflegen Eures Kindes unscheinbare Kräfte."

Reich mir doch Dein Fingerlein
Wollen zeichnen Dingerlein:

Sieh hier diese Vögelein ....
Fliegen übers Hügelein ....
Und an diesem Bäumelein ....
Hängt ein kleines Pfläumelein ....
Zwischen diesen Ästchen ....
Ist ein kleines Nestchen ....
Hier aus diesem Häuschen ....
Kommt ein kleines Mäuschen ....
Eine Treppe führt ins Haus................
Jemand schaut zum Fenster raus ......
Auf dem Dach sieht man die Ziegel ...
An der Wand den schönen Spiegel ....
In der Stube auch den Tisch ....
Darauf einen großen Fisch ....
Dieserlange schmale Steg ....
Führet übers Bächlein weg ....
Hier ist eine lange Leiter ....
Auch die Schere für den Schneider ....
Hier das hohe Taubenhaus,
Täubchen fliegen ein und aus: ....

Schau, beim kleinen Hähnchen ....
Sitzt auch ein Kaninchen ....
Und ein kleines Häschen ....
Mit dem stumpfen Näschen ....
Dort die lange, scharfe Säge ....
Hier die Egge auf dem Wege ....
Doch vorher der Pflug ....
Für den Knecht der Krug ....
Nun auch ein Wagen ....
vielerlei zu tragen;
Daran ist das Rad ....
Nabe, Felge und Speichen es hat.
Dort steigt auf die Sonne, ...
Strahlen strahlen Wonne.
Auch den lieben Stern ....
Siehst Du vielfach gern:
Auge strahlt ihn rein, ...
Nacht zeigt seinen Schein: ....
Auch im Schnee ich schau, ...

Auf der Blumen-Au; ....
Zeichne auch den Mond, ...
wohl sich die Mühe lohnt;
Zeigt verschiedene Gestalt, ...
Ob er jung ist oder alt.
Auch das Tor zur Kirche klein ....
Zeiget sich hier fein.

Doch wie nenn' ich all' die
schönen Sachen,
Die mein Kindchen zeichnend schon
kann machen?
Was entsteht,
zwar alles wieder schwindet,
Doch die Schaffens - Kraft
sich ihm verbindet.
„Wenn Dein Kind von dem,
was es sich schuf,
Auch nur wenig um sich her erschaut,
Hat's doch, folgend
seinem Schaffens - Ruf,
Eine reiche Welt in sich erbaut."

Der kleine Zeichner.

Erklärung der Randzeichnungen.

Die Auffassung des Gegenstandes ist so: Dein herzliebes Kindchen sitzt wie gewöhnlich auf Deinem Schoße. Du zeichnest entweder bloß mit dem Zeigefinger Deiner rechten Hand, oder mit dem Deines lieben Kindes in andeutenden Umrissen die einfachen Gegenstände in die Luft, oder in den auf einem vorliegenden Brettchen dünn ausgebreiteten Sand, oder wenn Du Lust hast und Dein Kindchen schon dafür entwickelt ist, auf eine Schiefertafel; es kann auch mit dem Sande begonnen, zur Tafel und dann zum bloßen Zeichnen in die Luft fortgeschritten werden.

Jeder dieser Wege hat Wahrheit und Gründe für sich. Deinem noch kleinen zarten Kindchen macht schon das letztere als eine gewisse und deutungsvolle Bewegung Freude. Wie denn überhaupt das Zeichnen für das Kind, als der ihm unschwer scheinende Ausdruck und die erste Beurkundung der in ihm wohnenden Schaffenskraft, so viel Anziehendes hat, ihm so lieb ist. Wie sollte es auch, besonders auf der Stufe, auf welcher wir hier nun das Kind entwickelt annehmen, anders sein. Es hat die Mannigfaltigkeit in sich aufgenommen, es ahnet das Leben des Einzelnen, und die Einigung des Mannigfaltigen, es trägt so schon in sich eine kleine Welt, und diese Welt möchte es nun auch auf eine, seiner Kraft angemessene, also auf eine ihm leicht erscheinende Weise und mit den ihm zu Gebote stehenden Mitteln darstellen.

Auch ist es der Fortschritt von der Sachanschauung zum Bilde. Was das Kind von dem, was das Leben gibt und bedarf schon kennt, führt es sich im Zeichen, prüfend und ordnend vor der Seele, vor dem Geiste vorüber, gleichsam um es zu überschauen und, beim einstigen eigenen Bedarf im Leben, das Rechte zu wählen, das Schlechte zu meiden. Vor Allem aber: wer den Schöpfer frühe erkennen will, muss frühe seine eigene Schaffungskraft mit Bewusstsein für Darstellung des Guten üben; denn das Tun des Guten ist das Band zwischen Geschöpf und Schöpfer, und das bewusste Tun desselben, das bewusste Band, die wahre lebenvolle Einigung des Menschen und Gottes; des einzelnen Menschen, wie der Menschengeschlechter und der Menschheit, und somit aller Erziehung, wie Ausgangspunkt, so ewiges Ziel.

Schluss – Lied.

Schluss.

Nun zu einem duft'gen Kranze
Lasset uns die Blumen winden,
Dass ein ein'ges Lebensganze
Mög' das Einzelne verbinden.
Lasst uns sehen, was durch Spieles Weise
Ist geworden unserm Kindchen leise,
Was wir selber, spielgewandt,
Haben durch das Spiel erkannt;
Und was – Vieles so verbunden –
Ließ vom Leben sich erkunden.
Wollen wir zum wahren Segen
Kindesleben treulich pflegen,
Woll'n wir sicher daran baun,
Klar zu seinem Ziel es leiten,
Lebenseinklang ihm bereiten,
Müssen wir's oft prüfend überschaun, -
Wer nicht das Erreichte klärend überblickt,
Ist zum Fortentwickeln wenig nur geschickt:
Drum so möge nun der Kranz erscheinen,
Der die Blumen all' uns soll vereinen.

Leben, Kräfte fühlt es in sich regen,
Konnte seine Glieder früh bewegen;
Sahet seine Sinne frei gebrauchen,
Durch sie Seelenspeise einzusaugen;
Lernte Dinge, ihre Eigenschaften kennen,
Konnt' es auch von beiden keins noch nennen;
Suchte, wie es sich die fernen Dinge
Auf verschied'ne Weise nahe bringe,
Und die nahen so weit von sich trennen,
Dass es sie, ihr Wesen konnt' erkennen.

Das Getrennte saht ihr es verbinden,
Für Verschiedenes die Ein'gung finden;
Konnte sich vom Fremden klarer unterscheiden,
Was ihm lieb sei, einen, was ihm unlieb, meiden;
Sah't es auch im kind'schen Treiben, Spielen
Sich gar bald als eignes Wesen fühlen. –
Schaut die Ursach, will die Wirkung kennen,
Will den Grund von seiner Folge trennen;
Zeigt schon Denkspur, zeigt schon Schließen,
Kann, was ihm gefällt, erkiesen;
Ja, es zeigt, daß ihm die Kraft verliehn,
Fremdes Thun auf sich schon zu beziehn;
Und dass es, was ihm sich dargestellt,
Ordnen kann als seine kleine Welt.

So kommt ihm, wenn auch mit mancher Wunde,
Von dem Leben aus die sich're Kunde:
Dass nicht Willkür ihm gestattet sei,
Es zwar in sich frei,
Doch nach Außen hin abhängig sei; -

G'nug, dass walte eine höh're Kraft,
Welche wahre Freiheit gibt und schafft.
Darum ist 's ihm nun nicht einerlei,
Was der Größern Denken von ihm sei.
Jetzt ist, Mutter! Dir die Macht gegeben,
Kindchen auf des Guten Bahn zu heben.

Zu dem Rechten lässt es sich schon lenken,
Dass es gar das Schlechte nicht mag denken.
Ja, ein Neues sprosst im Innern ihm hervor,
Es ist ähnlich einer Stimme, einem Ohr;
Es ist, was ihm lehrt: das Gute, Rechte,
Und ihm meiden lehrt: das Böse, Schlechte;
Schon kehrt 's, wenn Du selbst nur willst, den Sinn
Nach dem Reinen, nach dem Besser'n hin.
Lehr' es dies im eignen Thun beachten,
Lehre es im Andrer Thun betrachten,
So wird 's jenen Sinn, kann 's ihn schon nicht benennen,
Kann 's ihn, als den Seinen auch noch nicht erkennen,
Dennoch als den seinigen stets üben,
Ihn an sich, wie an den Andern lieben.
Hast Dein Kind nun so weit Du geleitet,
Dass es durch sich selbst Unedles meidet,
Dass der Sinn für 's Reine, Gute in ihm quillt,
Ja, dass es denselben als sein Leben fühlt;
Dann kannst Du ihm einst auch klar die Wege zeigen,
Wie des Menschen Ziel im Leben zu erreichen.

Doch, was hast Du selbst nun spielgewandt
In des Kindes Spiel für Dich erkannt? –
Sag, was hast Du selbst in Dir gewonnen,
Dass Du solche Kindespfleg' begonnen? –

Sah'st, der Mensch ist ein ganz ein'ges Wesen;
Konntest in dem Kind Dein eignes lesen;
Wie aus Unvollkomm'nem Du hervor
Strebtest nach dem Vollkomm'nen empor;
Nur durch Dunkel nach dem Licht zu dringen,
Lässt das Höchste sicher sich erringen.
In sich trägt der Mensch ein eignes Leben,
Das will er sich pflegen, treu bewahren,
Dazu fühlt er Kräfte sich gegeben,
Dafür scheut nicht Müh' er, nicht Gefahren.

Und da viel Du lebenvoll verbunden
In der Außenwelt, was ward gefunden? –
Innig sich Verschiedenes verbindet
Und Getrenntes sich in Ein'gung findet;
Eins dem Andern zur Entwicklung nützt,
Eins das Andre helfend unterstützt:
Drum, - in Allem wirkt und schafft **Ein** Leben,
Weil das Leben all' ein ein'ger Gott gegeben.

SCHLUSSEMPFINDUNGEN

schü - tzend um - he - get, wirkt seg - nend fort bis in's tau - send - ste
schü-tzend um - he - get, wirkt seg - nend fort bis in's tau - send-ste
schü - tzend um - he - get, wirkt seg -nend fort bis in's tau - send - ste
schü - tzend um he -gend, wirkt seg - nend fort bis in's tau - send - ste

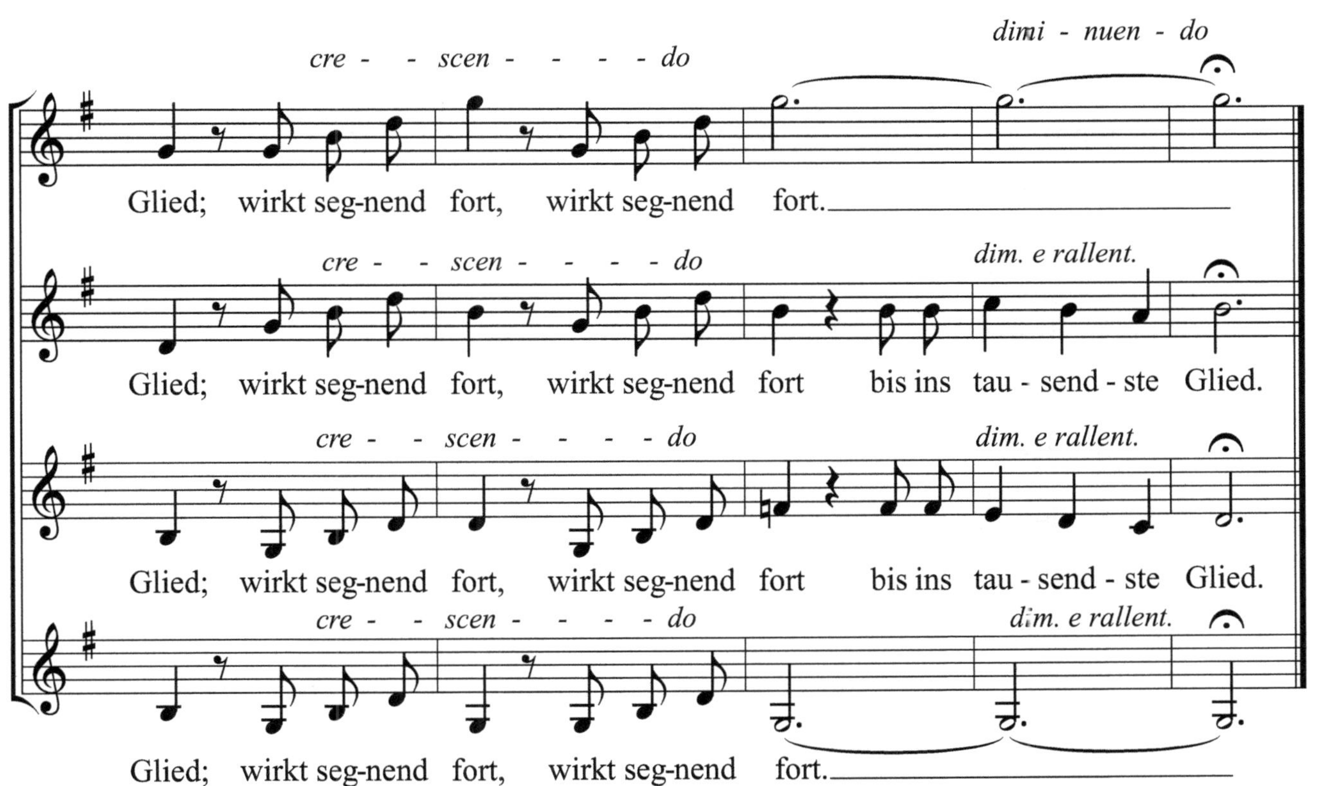

cre - - scen - - - - do
dimi - nuen - do
Glied; wirkt seg-nend fort, wirkt seg-nend fort.
cre - - scen - - - - do
dim. e rallent.
Glied; wirkt seg-nend fort, wirkt seg-nend fort bis ins tau - send - ste Glied.
cre - - scen - - - - do
dim. e rallent.
Glied; wirkt seg-nend fort, wirkt seg-nend fort bis ins tau - send - ste Glied.
cre - - scen - - - - do
dim. e rallent.
Glied; wirkt seg-nend fort, wirkt seg-nend fort.

Unser Lied an Friedrich Fröbel

Im Jahre 2013 wurde der Verein der Fröbelfreunde von Bad Liebenstein und dem zugehörigen Ortsteil Schweina neu konstituiert.

Innerhalb weniger Monate gehörte er wieder zu den sicht- und hörbaren Vereinen der Stadt. Das hat auch mit einem Lied zu tun:

Eines Tages fragte Christoph Martin Neumann, Pfarrer im Ruhestand, Mitglied des Vereins der Fröbelfreunde und vor allem auch ein zumindest thüringenweit bekannter Liedermacher, ob es denn neben den vielen bekannten Liedern von Friedrich Fröbel auch eines über der großen Pädagogen gebe.

Nach längerem Nachdenken und Suchen musste ich ihm mitteilen, dass mir keines bekannt wäre.

„Dann machen wir eines!" – so unser einhelliger Beschluss, und es entstand das Lied „Friedrich Fröbel – Kinderfreund".

Christoph Martin Neumann zog mit seiner Gitarre durch die Kindergärten und studierte das Lied, das den Kindern auf Anhieb gefiel, mit ihnen ein.

Zum großen Bad Liebensteiner Fröbel-Kinder- und Spielfest am 19. Juni 2014 wurde es einer großen Öffentlichkeit bekannt. Christoph Martin Neumann nahm es nun mit Kindern in einem Tonstudio auf.

Wir beschlossen, dieses Lied GEMA-frei zu lassen, so dass es frei aufführbar ist.

Mittlerweile habe ich das Lied schon an manchem Ort und zu mancher Gelegenheit gehört – so von Kindern der Fröbelstadt Bad Blankenburg oder auch am Evangelischen Fröbelseminar in Kassel.

Vielleicht wollen Sie es ja auch mit Ihren Kindern singen – und wohin würde es besser passen als in Form eines Dankes der Kinder am Ende dieses Buches!

Matthias Brodbeck

Friedrich Fröbel - Kinderfreund

I: La-la, La-la-la-la, -- La-la, la-la-la-la. :I

2. Spielen, singen, lernen, lachen und zusammen sein,
   hier und da auch Quatsch zu machen, Kinder, das ist fein!
   Am liebsten sind wir draußen auf dem Spielplatz und im Gras.
   Wenn die liebe Sonne scheint, das macht uns allen Spaß.

I: La-la, La-la-la-la, -- La-la, la-la-la-la. :I

3. Deine Lieder singen wir. Und in Nah und Fern
   spielen alle Kinder wohl mit deinen Gaben gern.
   Heimlich manchmal auch die Großen auf die Spiele schau'n,
   bis sie dann mit großen Steinen große Häuser bau'n.

I: La-la, La-la-la-la, -- La-la, la-la-la-la. :I

4. Könntest Du heut' bei uns sein, dann würdest Du es seh'n,
   wie wir freudig jeden Tag zum Kindergarten geh'n.
   Dort wird noch in hundert Jahr'n gespielt, gelernt, gelacht.
   Friedrich Fröbel - Kinderfreund - das hast Du gut gemacht!
   Friedrich Fröbel - Kinderfreund - das hast Du gut gemacht! Ja!!!

Text: Matthias Brodbeck   Melodie: Christoph Martin Neumann

Weitere Veröffentlichungen des Herausgebers:

Matthias Brodbeck
Das Leben des Kindes ist Spiel
Friedrich Fröbels Spielpädagogik heute für Kindergarten, Schule und Familie

Herausgegeben von: Jugendsozialwerk Nordhausen
Verlag: Druck und Verlag Iffland
Hardback Edition: 520 Seiten
ISBN-10: 393935743X
ISBN-13: 978-3939357438

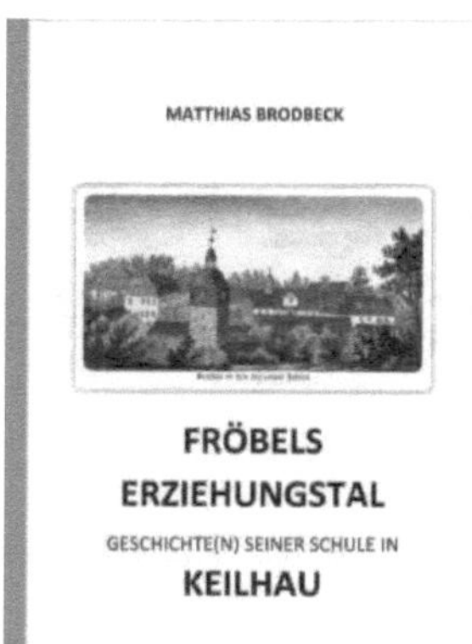

Matthias Brodbeck
Fröbels Erziehungstal
Geschichte(n) seiner Schule in Keilhau

Herausgegeben von: Jugendsozialwerk Nordhausen
Verlag: Druck und Verlag Iffland
Hardback Edition: 220 Seiten
ISBN-10: 3939357480
ISBN-13: 978-3939357483

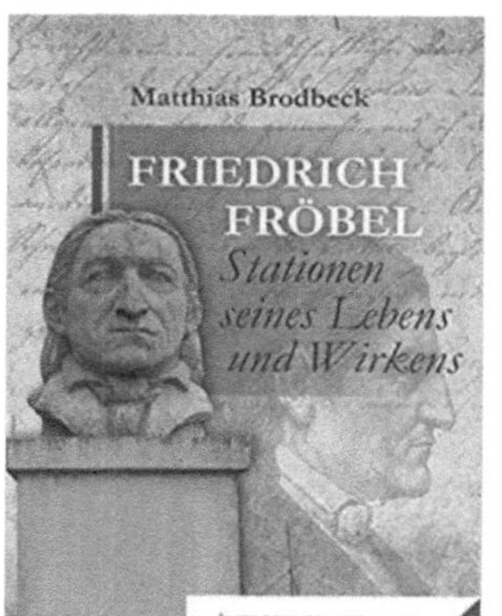

Matthias Brodbeck
Friedrich Fröbel
Stationen seines Lebens und Wirkens

Verlag: Rhino
Hardback Edition: 96 Seiten
ISBN-10: 3955600386
ISBN-13: 978-3955600389

Internet-Seite: www.froebelweb.de

Beiträge des Herausgebers in:

Christian Storch (Herausgeber)
spielhaus - lernhaus - bauhaus
Fröbel und die Moderne

Verlag: Königshausen & Neumann
Paperback: 174 Seiten
ISBN-10: 3826073711
ISBN-13: 978-3826073717